KB042017

오늘 내 기분은
철학으로 할래

디즈니는 귀엽고
코기토는 필요하니까

Ils vécurent philosophes et firent beaucoup d'heureux
by Marianne Chaillan

오늘 내 기분은 철학으로 할래

디즈니는 귀엽고
코기토는 필요하니까

마리안 샤이앙 지음 | 소서영 옮김

Ils vécurent philosophes et firent beaucoup d'heureux

책세상

차례

• 일러두기

본문에 등장하는 디즈니 애니메이션 작품 이름과 등장 인물 이름의 표기는 디즈니+ 한국어 서비스의
표기를 따랐습니다.

옛날 옛적에
램프가 하나 있었답니다

안녕하십니까, 친애하는 독자 여러분. 자, 가까이 오세요, 가까이…. 이 신비와 매혹의 책을 집어 든 당신을 환영합니다! 특이한 물건 외에는 관심이 없으신가 보지요? 그렇다면 이 책을 자신 있게 추천합니다. 겉으로 보기엔 너무나 평범하지만, 세상사가 다 그렇듯 중요한 건 내용이 아니겠습니까! 사실 이 책은 보통 책이 아닙니다. 여러분의 인생을 뒤바꿀 수도 있는 책이죠. 왜냐하면 당신이 이 책을 펼친 바로 지금, 페이지 사이에 잠들어 있던 지니가 깨어났거든요!

"책 속의 요정 지니?" 그렇습니다! 이 책에는 위대한 마법사들의 지혜가 담겨 있답니다. 기상천외한 마법을 펼치는 멀린, 피노키오에 생기를 불어넣은 푸른 요정과 어깨를 견줄 만큼 아주 강력한 마법사죠. 그게 누구냐고요? 바로 철학자입니다.

'아니, 무슨 철학이야! 그렇게 재미 없고 추상적인 학문이 어떻게 우리를 매혹하고 단단하게 만들어준단 거지?'라고 생각 하시겠죠. 누가 여러분에게 철학을 한마디로 설명해달라고 하 면, 결코 '매혹적인 학문'이라고 대답하지는 않을 겁니다. 복잡 하고, 추상적이고, 지루한 것이라고 생각하시겠죠. 반대로 디 즈니의 놀라운 세계는 기분 좋은 웃음, 환상과 즐거움을 선사 합니다. 그래서 철학과 디즈니는 전혀 다른 것처럼 보이죠.

하지만 사실은 그렇지 않습니다. 이 책을 통해 여러분은 여러 디즈니 애니메이션에 등장하는 인물과 노래가 어떻게 은 밀하고 강렬한 철학의 관념으로 우리를 안내하는지 알게 될 겁 니다. 고생하며 머리 싸맬 필요 없이 즐기면서 철학을 배울 수 있다니, 이보다 기분 좋은 일이 어디 있을까요? 〈미녀와 야수〉 의 개스톤은 동의하지 않겠지만, 책을 읽고 생각을 하는 건 아 주 유익한 일입니다! 어쩌면 배움은 행복의 열쇠가 될 수도 있 습니다.

혹시 지금 '그래서 이 책이 뭘 보여준다는 거지?'라고 생각 하셨나요? 자, 여러분을 위해 준비한 축제를 살짝만 보여드리

들어가는 말

겠습니다. 티몬과 품바는 고대 스토아학파의 철학을, '모두가 욕심을 버리면 모든 것이 즐겁다'고 노래한 발루는 에피쿠로스학파의 철학을 소개합니다. 〈헤라클레스〉와 〈노틀담의 꼽추〉에 등장하는 악당 하데스와 프롤로는 니체의 철학을, 〈미녀와 야수〉는 플라톤이 말한 예지계를 보는 법을 가르쳐줍니다. 크루엘라는 당신을 동물 윤리에 관한 논쟁으로 안내합니다. 포카혼타스는 몽테뉴가 그랬던 것처럼 '진짜 야만인이 누구인지'를 묻습니다. 〈월-E〉는 기술의 발전으로 우리에게 새로운 윤리가 필요해지지는 않았는지, 〈라이온 킹〉의 심바는 영원히 순환하는 자연의 섭리에서 온전히 자유로운 삶을 사는 것이 가능한지 등 여러 질문을 던질 겁니다. 또 램프의 요정 지니에게 어떤 소원을 빌면 좋을지, 로빈 훗처럼 정의를 위해 남의 것을 훔치는 것이 윤리적으로 올바른 일인지도 하나하나 따져보죠. 〈백설공주〉에서 〈주토피아〉까지, 〈인어공주〉에서 〈겨울왕국〉까지, 우리는 놀라운 디즈니 왕국의 길을 따라가면서 그 안에 가득 찬 수많은 철학의 조각들을 찾아갈 겁니다!

자, 작디작은 램프에서 우주를 움직일 힘을 꺼낼 준비가 되셨나요? 그렇다면 이제 마법을 시작해봅시다!

1장.
욕망과
행복

"즐거운 일을 생각해봐!"

"내가 남자 소개했다가
얼음 세상이 되어버렸거든요."

사랑을 위해서라면
녹아도 괜찮…아?

#겨울왕국 #루크레티우스 #스탕달

아렌델에 오신 것을 환영합니다. 곧 성문이 열릴 겁니다. 오늘은 엘사 공주님이 여왕이 되는 대관식이 있습니다. 축제의 날이죠. 두 공주님은 부모님이 폭풍우로 갑자기 돌아가신 후 삼년 동안 세상과 단절돼 살았습니다. 오늘에야 비로소 왕가를 사랑하는 백성들이 그들의 얼굴을 다시 볼 수 있게 되었습니다.

왕과 왕비가 살아 있을 때도 어린 공주들이 공식 석상에 모습을 드러내는 일은 드물었습니다. 첫째인 엘사 공주의 마법 때문에요. 매우 아름답지만 위험한 냉기와 얼음을 쏟아내는 엘사의 마법은 점점 강력해졌습니다.

엘사는 어린 동생에게 즐거움을 주기 위해 마법의 힘으로 눈송이와 눈사람을 만들었습니다. 안나는 거기에 매혹되었고 넘치게 행복했습니다. 하지만 어느 날, 안타깝게도 엘사는 마법을 제대로 조절하지 못하고 동생을 다치게 했습니다. 트롤은 안나를 치료하기 위해 그녀가 엘사의 마법을 본 기억을 지워야 했고, 결국 어린 안나는 언니가 마법을 쓸 수 있다는 사실을 모두 잊어버리고 말죠. 그리고 왕은 엘사를 보호하기 위해 그녀가 힘을 조절하는 법을 배울 때까지 성문을 굳게 닫으라고 명령했습니다. 그는 엘사의 시종도 줄이고 그녀가 사람을 만나는 것도 제한하기로 했습니다. 아무도 엘사가 마법을 쓸 수 있다는 사실을 몰라야 했거든요.

그렇게 어느 날 갑자기 엘사의 방문은 닫히고 맙니다. 동생 안나는 영문도 모른 채 닫혀버린 문 앞에서 울 수밖에 없었습니다. 그때까지 안나와 엘사는 자매이자 친구였습니다. 하지만 그것도 이제 끝이었죠. 안나는 언니가 자신을 밀어내는 이유라도 알고 싶었지만 엘사는 알려주지 않았습니다. 안나는 언니에게 예전처럼 함께 눈사람을 만들며 같이 놀자고 졸라도 보았습니다. 안나에겐 함께 놀 사람이 없었거든요. 그녀는 늘 혼자였고 심심했습니다. 안나가 영문도 모른 채 기다리는 동안 엘사는 얼음처럼 굳어 있었습니다.

기나긴 기다림도 바로 오늘의 대관식으로 끝이었죠! 안나는 기뻐서 어쩔 줄 모릅니다. 얼마나 오래 쓸쓸하게 지냈는데요! 그녀는 활짝 열린 창문을 보면서도 자기 눈을 의심했습니다. 거대한 성에는 쓸모없어 보이는 텅 빈 파티장뿐이었으니, 혼자라고 느꼈죠. 하지만 이제는 준비가 되었습니다! 태어나서 처음으로 맛보는 이 시간을 그녀는 제대로 즐길 생각입니다!

그녀는 진정한 사랑을 찾기를 간절히 바랍니다. 어쩌면 오늘이 바로 신랑감을 만나는 날이 될 수도 있죠! 뻔한 클리셰도 싫지 않은 그녀는 갑자기 운명 같은 남자가 등장하는 모습을 상상합니다. 상상 속의 남자는 키도 크고 훤칠한 데다가 그녀가 어떻게 살아왔는지 다 아는 듯 모든 것을 알아맞힙니다. 흥분과 설렘으로 끝없이 웃고 떠드는 모습을 상상하기는 하지만, 물론 안나도 운명 같은 사랑은 꿈에서나 있다는 것을 잘 알고 있죠. 그게 이성적인 일이 아니라는 건 잘 알고 있지만….

사랑은 열린 무-우-운

그렇게 머리가 아니라 가슴으로 하는 사랑이… 바로 그런 사랑이 그녀에게 일어납니다. 그 운명 같은 남자는 서던 제도의 왕자 한스입니다. 그들이 우연히 서로 부딪치고, 그녀가 넘어지자, 왕자는 그녀를 일으켜 세웁니다. 그녀는 한스에게 불쑥 그가 정말 멋있다고 말해버립니다(그녀도 머쓱한 건 아나 봅니다). 나 참, 정말이지 뒤가 없는 고백이죠.

잠시 후 그들은 무도회장에서 다시 만납니다. 또다시 그녀가 넘어지고, 또 다시 그가 그녀를 잡아주죠. 저런…! 그리고 그들은 함께 왈츠를 추면서 속마음을 털어놓고, 그렇게 서로의 욕망에 사로잡힙니다. 안나는 이전까지 항상 닫힌 문 안쪽에서 살았습니다. 이 파티에서 서로를 만나기 전까지 그녀의 삶은 그저 지루한 시간에 불과했습니다. 둘은 처음 느껴보는 특별한 감정을 알게 됩니다. 사랑은 열린 문이라니! 사랑이 이토록 황홀한 감정이었다니! 처음 보는 사람이 나와 똑같은 생각을 하는 걸 어떻게 설명할 수 있을까요? 답은 하나뿐입니다. 운명이죠.

황홀한 사랑 노래는 두 사람도 인정하듯 '정신 나간 소리'와 이보다 '더 정신 나간 소리'로 마무리됩니다. 한스는 안나에게 청혼하고, 안나는 청혼을 받아들입니다. 그런 다음 두 사람은 축복을 받기 위해 엘사를 찾아갑니다. 새 여왕의 대답은 명확하죠. "그게 무슨 소리야? 정신 차려, 결혼식 같은 소리하네!" 방금 만난 사람과 결혼할 수는 없죠. 엘사는 한스에게 이곳을 떠나 달라고 청합니다. 파티는 끝났고 성문은 다시 닫힐 것입니다.

안나는 숨이 막혔습니다. 언니가 진정한 사랑에 대해 뭘 알겠습니까? 문을 굳게 잠그고 사람들을 외면하며 살아왔는걸요! 그러더니 이제는 동생의 가장 큰 행복을 앗아가려 하네요!

욕망에 눈이 먼 사람의 결정 작용

하지만 사실은 엘사가 안나를 가장 큰 불행에서 구원한 것일지도 모릅니다. 에피쿠로스의 제자이자 철학자인 루크레티우스는 그렇게 생각합니다. 그는 고대부터 우리에게 사랑의 욕망이라는 가장 위험한 질병을 조심하라고 경고했습니다. 루크레티우스가 보기에 사랑에 빠진 사람은 망상에 사로잡히기 쉽습니다. 사랑에 정신이 팔려서 그 무엇도 명료하게 볼 수 없죠. 그래서 환각에 사로잡힙니다. 사랑하는 사람의 것이라면 모두 사랑스러워 보입니다. 있지도 않은 장점으로 연인을 포장하고 드러난 단점은 부정하게 됩니다. 사랑하는 사람은 제대로 볼 수 없습니다. 첫눈에 반해버린 탓에 눈이 멀고 맙니다. 그에 따르면 사랑에 빠진 이들은 자신들이 얼마나 비참한 상태인지 알지 못하는 불쌍한 사람들입니다!

루크레티우스는 욕망이 대상에 의해, 우리가 사유하고 관찰할 수 있는 대상의 가치에 의해 생기는 것이 아니라고 가르쳐줍니다. 한스가 안나에게 욕망을 불러일으킨 것이 아닙니다. 어떻게 그럴 수 있을까요? 생각해보면 안나는 그를 잘 모르는데 말이죠. 반대로 대상을 생각하기도 전에, 대상과 만나기도 전에 이미 욕망을 가지고 있습니다. 욕망은 처음부터 일종의 역동성dynamisme으로 존재하고, 그 후에 대상에 작용합니다. 안나도 '누구와' 사랑에 빠질지 알기도 전부터 이미 '사랑'에 빠지기를 원하지 않았나요?

그렇다면 욕망이 왜 문제가 되는지 이해가 갑니다. 대상은 일종의 핑계에 불과하고 실제 욕망에 어떤 영향도 끼치지 않는다면, 욕망은 나쁜 만남, 나쁜 선택, 실수 같은 위험으로 가득하겠죠! 다시 말해 욕망의 대상이 수동적으로 정해지기 때문에 욕망의 대상은 의심하고 경계해야 하는 것이 됩니다.

프랑스 작가 스탕달은 이를 '결정 작용cristallisation'이라는 표현으로 설명합니다. 결정 작용이란 욕망의 주체가 욕망의 대상을 긍정적으로 변화시키는 과정을 뜻합니다. 스탕달에 따르면, 오스트리아 잘츠부르크의 소금 광산에 앙상한 나뭇가지를 넣어두었다가 두세 달 뒤에 끄집어내면 나뭇가지에 소금 결정이 뒤덮여 아름답게 빛난다고 합니다. 소금 결정 덕분에 평범한 나무가 아름다운 다이아몬드처럼 보이는 것이죠.

사랑의 결정 작용은 사랑하는 대상을 수많은 환상 속의 장점으로 포장하는 겁니다. 사람이 사랑을 하면 사랑하는 사람에게서 자신이 찾던 온갖 장점을 볼 수 있게 됩니다. 하지만 이런 결정 작용은 일정 기간만 지속됩니다. 머지않아 콩깍지가 벗겨지면, 사랑에 빠진 사람은 그제야 자기가 사랑하던 대상의 객관적인 모습을 발견하고 경악하게 되죠. 이렇게 모든 것이 상상이고 자신이 꾸며낸 것이라는 사실이 밝혀집니다.

이것이 우리에게 일종의 환각과 망상을 보여주는 열정을 경계해야 하는 이유입니다! 사실 욕망의 대상은 실제 모습과는 다르게 보입니다. 사랑은 실재를 변환하는 일종의 연산자입니다.

그래서 이러한 결정 작용을 목격한 사람은 사랑에 눈이 먼 이들을 안타까워합니다. 사랑에 빠진 사람은 특정한 사람에게 이런저런 장점이 있어서 그를 사랑한다고 믿지만, 사실은 자기 욕망의 대상에 대해 전혀 알지 못합니다. 앞서 말한 것처럼 욕망의 실제 대상은 가상의 대상에 집착하는 욕망의 탄생에 어떤 영향도 미치지 않기 때문입니다.

결정 작용의 끝에는…

안나는 언니를 찾으러 가다가 크리스토프라는 젊은 얼음 장수를 만납니다. 그는 고작 하루 만난 남자와 결혼하려 한 안나를 놀리죠. 드디어 루크레티우스의 지혜를 깨달은 사람이 나왔군요. 부모님이 낯선 사람을 조심하라고 안 했어요? 그러자 안나는 이렇게 대답합니다. "조심하라고 하셨는데 한스는 낯선 사람이 아니에요." 그러면 그는 어디서 왔는데요? "서던 제도에서요…." 그가 제일 좋아하는 음식은요? "샌드위치요." 그냥 우연히 대화에 떠올랐던 음식을 댑니다. 절친 이름은? "아마 존일걸요." 어디에 꼭 있을 법한 이름을 댑니다. 눈 색깔은? "황홀하죠!" 의미심장한 대답이 튀어나옵니다. 안나는 자기와 약혼한 남자의 눈 색깔조차 까먹은 상태였죠. 그 남자가 코딱지를 파서 먹기까지 하면? "이보세요, 그는 왕자님이에요." 그러자 크리스토프가 반박합니다. 왕자고 자시고 남자는 다 그래요.

그가 옳았습니다. 한스는 결국 음흉한 본성과 흉악한 음모를 드러냅니다. 그는 13형제 중 막내였기 때문에 자기 왕국에서는 왕이 될 수 없습니다. 왕이 되려면 다른 나라의 여왕하고 결혼해야 했죠. 곧 여왕이 될 엘사가 더 좋았겠지만 아무도 그녀에게 접근할 수 없었고, 반면 안나는… 사랑에 굶주린 나머지 그를 만나자마자 결혼하겠다고 할 정도였으니까요. 한스는 안나와 결혼한 후 사고를 가장해서 엘사를 없애버릴 생각이었습니다. 운 좋게도 엘사는 스스로 큰 사고를 치고 사라졌고, 안나는 그런 언니를 따라갈 만큼 바보였습니다. 여왕을 죽이고 여름을 되돌리기만 하면 문제가 없었죠. 그렇게 아렌델을 멸망 직전에서 구해낸 영웅이 되는 그림을 그린 겁니다!

엘사와 안나를 구한 것은 왕자 한스의 사랑이 아니라 두 자매가 서로에게 베푼 사랑이었습니다. 진정한 사랑이란 언니를 구하기 위해 스스로를 희생하는 것이었고, 저주에 빠졌던 안나는 엘사에게 진정한 사랑을 행하며 다시 살아납니다.

엘사의 힘은 결국 매혹적인 얼음 결정을 창조하는 것보다도 자신의 욕망을 조절하는 능력이 아닐까요? 엘사는 결정을 만들지만, 결정 작용에 휘말리지는 않습니다. 그녀는 자기 동생처럼 욕망이라는 질병에 시달리지 않을 겁니다. 그녀는 자기 삶의 주인으로 살았습니다. 철학의 힘 덕분이죠.

더 알고 싶다면
루크레티우스, 《사물의 본성에 관하여》
스탕달, 《연애론》

"날 보려면 램프를 이렇게 문질러만 주세요."

내 소원은
네가 행복해지는 거야

#알라딘 #몽테뉴

알라딘은 요술램프를 꺼내기 위해 신비의 동굴로 들어갔습니다. 하지만 요술램프를 꺼낸 후 그는 자신을 데려간 악당 자파에게 배신당하고 동굴에 갇힙니다. 다행히 소문난 좀도둑 알라딘의 반려 동물 아부가 동굴에 갇히려는 순간 그 램프를 훔쳐냅니다.

이 램프는 보통 램프와 똑같이 생겼습니다. 겉으로 보기엔 너무나 평범하죠. 하지만 세상사가 다 그렇듯 중요한 건 겉모습이 아니라 속에 있는 내용입니다. 램프를 손에 쥔 알라딘처럼 말이죠. 이 램프는 보통 램프가 아닙니다. 알라딘의 인생을 송두리채 뒤바꿀 램프였습니다. 그는 램프에 있는 문구를 읽을 수 없어서 무작정 램프를 문질렀고, 깜짝 놀라게 됩니다. 램프 안에서 천년 넘게 갇혀 있던 요정 지니가 나타났거든요!

가난한 청년에 불과했던 알라딘은 굉장한 힘을 얻게 됩니다. 〈알리바바와 40인의 도둑〉도 〈천일야화〉도 흥미롭지만 알라딘의 요술램프에 비하면 새 발의 피죠. 지니는 무엇이든 세 가지 소원을 들어준다고 합니다. 정확히 말하면 '거의' 무엇이든이지만요…. 소원에는 세 가지 제한이 있습니다. 첫째, 지니는 사람을 죽일 수 없습니다. 둘째, 지니는 누가 누구를 사랑하게 만들 수 없습니다. 마지막으로, 지니는 죽은 사람을 살려낼 수 없습니다. 그런 건 삶의 근원적인 가치를 침해하는 짓입니다. 이런 몇몇 제한에만 걸리지 않으면 램프의 주인은 원하는 건 무엇이든 얻을 수 있습니다!

이런 램프를 마다할 사람이 있을까요? 자신이 알라딘이라고 상상하고 지니에게 어떤 소원을 빌지 고민해보지 않은 사람이 있을까요? 한 가지는 확실합니다. 우리는 모두 행복을 추구합니다. 그것이 우리가 하는 모든 행동의 '목적'입니다. 그러니까 이런 램프가 있다면 우리는 모두 같은 것을 추구할 겁니다. 물론 소원의 '내용'은 다르겠지만요. 우리는 각자 다른 소원을 말하겠지만 결국 그 소원들은 궁극적으로 모두 같은 목적을 위

내 소원은 네가 행복해지는 거야

한 겁니다. 우리가 행복해지고 싶다면 램프의 지니에게 무슨 소원을 빌어야 할까요? 어떻게 행복에 도달할 수 있을까요? 현명한 철학자라면 램프를 제대로 활용하는 법을 알까요?

지니, 나를 왕자로 만들어줘!

자스민 공주에게 한눈에 반한 알라딘은 그녀의 마음을 살 만한 보물이 있다는 미끼에 낚여 신비의 동굴에 들어갑니다. 공주의 마음을 살 수 있으리란 건 순전히 그의 착각이죠. 자스민이 아그라바 거리에 나타났을 때, 알라딘은 아름다운 그녀가 술탄의 딸이라는 사실을 몰랐습니다. 궁전에서 몰래 나온 자스민 공주가 돈을 내지 않고 진열대에서 사과를 가져가자 분노한 상인이 그녀의 손을 자르려는 그때, 알라딘이 나타나 그녀를 구하면서 두 남녀는 처음 만나게 됩니다.

자스민이 거지라고 생각한 알라딘은 자기 처지를 솔직하게 드러내고 그녀를 아그라바의 지붕들 위에 있는 은신처로 데려갔습니다. 그들은 서로 자기 처지가 얼마나 답답한지 털어놓았고, 이야기가 통하자 놀라면서 호감을 느낍니다. 둘은 즉흥적이지만 분명히 서로에 대한 감정을 확인하고 가까워졌습니다. 두 사람이 만나 사랑에 빠지는 이 장면은 안타깝게도 자파의 명령으로 알라딘을 잡으러 온 경비대가 도착하며 중단되고 맙니다. 그제야 알라딘은 이 신비한 여인이 다름 아닌 자스민 공주라는 사실을 알게 되죠.

감옥에 갇힌 알라딘은 죄수가 된 것보다도 자스민에게 자신이 거지라는 사실을 보여주었다는 사실에 더 화가 난 듯합니다. 국법에 따라 공주는 왕자와 결혼해야 하기도 하지만, 그 외에도 알라딘은 자스민의 마음을 얻으려면 돈이 많아야 하기에 지금 처지로는 그녀의 마음을 절대 얻을 수 없다고 여겼습니다. 그래서 알라딘은 첫 번째 소원으로 자신을 왕자로 만들어 달라고 요구합니다.

지니는 곧바로 알라딘을 알리 왕자로 변신시키고 아그라바로 팡파르를 울리며 행진하게 해줍니다. 그는 알라딘을 건장한 풍채로 변신시키고 막대한 부와 수많은 재물로 치장했습니다. 겉으로만 보면 아그라바로 행진하는 알리 왕자는 이전의 알라딘과는 전혀 다른 사람이죠. 그가 행진하는 동안 지니의 노래에 이끌린 사람들은 크게 환호합니다. 알리 왕자의 매혹적인 외모에 모든 이들이 찬사를 보냅니다.

음악에 이끌린 자스민도 알리 왕자의 행진을 구경하고, 알

내 소원은 네가 행복해지는 거야

리 왕자가 자스민 공주의 사랑을 받을 만하다고 열변을 토하는 지니의 말을 듣습니다. 알리 왕자에게는 페르시아 원숭이 아흔 아홉 마리가 있고, 위대한 알리 왕자를 위한 일이라면 무슨 일이든 목숨까지 바칠 수많은 호위병과 하인이 있었습니다. 그게 전부가 아닙니다. 곡예를 하는 코끼리 예순 마리, 곰과 사자, 마술사 마흔 명, 심지어 기이한 공작새도 있었습니다. 뭐, 이 정도는 되어야 화려하다고 할 수 있죠.

술탄은 팡파르가 울리는 행진에 박수 치며 알리의 휘황찬란하고 완벽한 화려함에 경탄합니다. 그런데 자스민의 생각은 다른 듯합니다. 공주는 재산 목록을 늘어놓으며 그녀를 유혹하는 구혼자의 오만함이 불쾌했습니다. 거리를 뒤흔든 왕자의 매력적인 외모도 어마어마한 재물도 그녀의 흥미를 끌지 못했습니다.

가난한 알라딘에게 반했던 그녀는 부유한 알리 왕자의 장점에 관심이 없습니다. 바로 이 점에서 우리는 욕망이 발생하는 조건이 무엇인지 생각해 봐야 합니다. 여기에 과연 객관적이고 합리적인 기준이나 선험적으로 정의할 수 있는 기준이 있을까요? 무엇이 욕망을 불러일으킬까요? 소유(아름다운 외모, 물질적인 재화 등)일까요, 아니면 됨됨이일까요? 욕망을 특정한 방정식으로 표현할 수 있다면, 어떤 변수가 필요한 걸까요? 우리는 그 답을 압니다. 욕망을 불러일으키는 것은 알리 왕자의 재물이 아니라 알라딘이 자스민에게 보여준 비물질적이고 '순수한 꿈'입니다. 알라딘과 자스민은 마법의 양탄자에서 '아름다운 세상'을 함께 노래합니다(이 곡은 1993년 아카데미 시상식에서 주제가상을 받았습니다).

다시 말해 알라딘이 자스민의 마음을 얻기 위해 왕자가 되고 싶다고 소원을 빈 건 명백한 실수였습니다. 왜 그는 그런 실수를 했을까요? 그는 행복을 추구했고, 또 그가 가지지 못한 특성을 소유하면 행복해질 수 있다고 생각했기 때문입니다. 그는 소원을 빌기 전에 미셸 드 몽테뉴의 《수상록》을 읽어야 했습니다.

우리를 행복하게 하는 건
소유가 아니라 즐기는 것이다

몽테뉴에 따르면 행복은 자기 자신을 어떻게 평가하는가에 달려 있습니다. 우리는 행복하지 않다고 생각하면 행복할 수 없고, 행복하다고 생각하면 행복할 수 있습니다. 따지고 보면 이상한 말이죠. 우리를 불행하게 만들 수 있는 건 우리뿐이라니! 다시 말해 행복은 바깥에서, 즉 부족한 것을 소유한다고 얻을 수 있는 것이 아닙니다. 우리가 있는 그대로 자신을 받아들이는 순간 내면에서 오는 것이죠. 몽테뉴는 "행복과 불행은 자기 생각에 달렸다"라고 말했습니다. 그러니 행복하다고 '생각'하기 때문에 행복한 셈이죠.

자파와 알라딘은 어리석습니다. 그들은 행복하기 위해 자신이 가지지 않은 것이 필요하다고 생각합니다. 그렇게 생각하는 순간, 그들의 삶은 영원한 갈망의 쳇바퀴로 이어집니다. 그들은 자신이 행복하기 위해 필요한 모든 것을 이미 갖고 있다는 사실을, 행복이란 그들이 무엇을 소유했는지보다 스스로를 어떻게 평가하는가에 달려 있다는 사실을 모릅니다.

알라딘은 자신이 자스민에게 어울리지 않는다고 생각하고, 자파는 술탄이 되지 못하면 인생의 의미가 없다고 여깁니다. 이들 같은 사람들의 삶은 항상 미래지향적입니다. 그들의 삶은 온갖 계획으로 소모되어 갑니다. 철학자 블레즈 파스칼의 설명에 따르면, 그들은 계획을 짜고 또 계획을 위한 계획을 짜는 동안 온전히 그들에게 주어진 유일한 시간이자 자산인 '현재'를 헛되이 흘려보냅니다. 그러나 바로 지금 이 순간, 그들은 소중한 지금 이 순간을 목적으로 여기지 않습니다. 그들은 언제나 미래를 보고 있으니까요. 그래서 그들은 살아가는 것이 아니라 살아가기를 기대할 뿐이고, 행복해지겠다고 거듭 각오를 다지면서도 결코 행복할 수 없습니다.

자파는 술탄이 되어야 가치 있는 삶이라고 생각합니다. 하지만 그는 술탄이 되어서도 충분하다고 느끼지 못하죠. 술탄이 된 그는 우주에서 가장 위대한 마법사가 되기를 바랍니다. 그리고 위대한 마법사가 된 다음에도 세상에서 가장 강력한 지니가 되고 싶어 합니다. 즉 자파처럼 외적이고 물질적인 것의 소유를 행복의 척도로 둔다면 영원히 욕망의 쳇바퀴를 돌게 됩니다. 행복을 자기 바깥에서 찾기 때문입니다. 결국 자파는 램프에 묶여 그 안에 갇히게 됩니다. 이는 행복을 가져다 줄 것이라고 믿었던 것에 의해 소외되는 인간을 보여줍니다.

물론 행복은 가치 있는 목적입니다. 심지어 모든 목적의 목적이며 최상의 선이기도 합니다. 하지만 사실 행복은 찾거나 획득할 수 있는 것이 아닙니다. 행복하기 위해서는 새로운 마음가짐만이 필요합니다. 우리 자신 외에는 어떤 것도 우리를 행복에서 멀어지게 할 수 없다는 것을 이해해야 합니다. 다시 말해 우리에게 지니가 전혀 필요하지 않습니다.

어리석은 이들은 언제나 불행합니다. 자기를 행복하게 할

내 소원은 네가 행복해지는 거야

요인이 부족하다고 생각하기 때문입니다. 반대로 현명한 이는 언제나 행복합니다. 외적인 관계가 아니라 자기 자신과의 관계에서만 행복을 찾을 수 있다는 것을 이해하고 있기 때문입니다. 알라딘은 자스민 앞에서 더 이상 그의 처지를 숨기지 않고 그가 누구인지 인정할 수 있게 되었을 때야 비로소 진정으로 행복해집니다. 사실 그에게는 지니가 전혀 필요하지 않았습니다.

더 알고 싶다면 |
미셸 드 몽테뉴,《수상록》
블레즈 파스칼,《팡세》 |

"네가 아무리 갖고 싶은 게 있더라도,
그걸 가질 수 없다면 일찍 포기하렴."

욕심을 버리면
모든 것이 즐거워

#정글북 #에피쿠로스학파

인도의 정글에는 여러 전설이 전해져 내려옵니다. 그중에서도 가장 신기한 건 모글리라는 소년의 이야기죠. 그의 이야기는 어느 날 정글에 울려 퍼진 아주 낯선 소리에서 시작합니다. 정글에선 전혀 들어볼 수 없는 아기의 울음소리였죠.

아기를 처음 발견한 것은 표범 바기라였습니다. 돌봐주지 않는다면 아기는 곧 죽을 운명이었습니다. 그런데 인간이 사는 마을까지는 거리가 있었고, 도착하기도 전에 아기가 굶어 죽을 게 뻔했죠. 그때 바기라는 좋은 아이디어를 떠올렸습니다. 최근에 새끼를 낳은 친한 늑대에게 아이를 입양시킨 것이죠.

열 번의 우기가 지나고 모글리는 부모의 돌봄과 형제 늑대들의 사랑을 받으며 쑥쑥 자라 어느덧 소년이 되었습니다. 바기라는 자주 모글리를 살폈고, 그가 어떤 인간의 아이보다도 행복하리라고 생각했습니다. 하지만 언젠가는 모글리가 인간 세계로 돌아갈 때가 온다는 걸 알고 있었습니다.

그러던 어느 날 밤, 늑대 우두머리들이 급하게 회의를 열었습니다. 인간을 잡아먹는 호랑이, 쉬어 칸이 정글로 돌아온다는 소문이 돌았기 때문이죠. 이 회의에서 모글리의 운명이 뒤바뀌게 됩니다. 늑대들은 만장일치로 모글리가 인간 세계로 돌아가야 한다고 결정했습니다. 바기라가 이 임무를 맡았습니다.

여행을 시작한 바기라와 모글리는 가장 먼저 최면 능력이 있는 늙은 뱀 카아를 만납니다. 다음 날에는 엄격한 순찰대장이 이끄는 코끼리 순찰대를 만나죠. 하지만 가장 놀라운 건 철학자를 만난 겁니다. 사실입니다. 깊고 깊은 정글 한 가운데에 철학자가 있었습니다! 누구인지 모르겠다고요? 바로 곰 발루죠! 그런데 바기라의 말을 들어보면 발루는 미련 곰탱이에 정글의 한량입니다. 게다가 발루가 모글리에게 싸우는 법을 알려주는 걸 보면 무식하기 그지없습니다. 뭐, 호신술 선생님으로는 좀 부족할 수 있죠…. 사실 발루는 철학 선생님이니까요!

욕심을 버리면 모든 것이 즐거워

욕심을 버리면 모든 것이 즐거워

실제로 발루의 호신술 수업은 어느새 인생 수업으로 이어집니다. 쉬어 칸의 위협을 받고 있는 모글리는 앞으로 어떻게 살아남아야 하는지 배워야 했죠. 그래서 철학자 발루는 그가 알고 있는 모든 것을 가르쳐주기로 합니다. 그의 철학은 한마디로 요약할 수 있습니다. 욕심을 버리면 모든 것이 즐겁다! 행복에는 많은 것이 필요하지 않다는 뜻이죠. 너무 짧지 않냐고요? 하지만 이 말의 뜻을 이해할 수만 있다면 긴말은 필요 없습니다.

발루의 말은 필요한 것만 가지고 만족하는 법을 배울 수 있고 또 배워야 한다는 뜻입니다. 그렇다면 실제로 그에게 무엇이 '필요'할까요? 자연이 우리에게 너그럽게 베푸는 깨끗한 물과 푸르른 초목, 달콤한 꿀과 한 줄기 햇볕이면 충분합니다. 끊임없는 욕망에 집착하지 않고 기본적인 것만 누리면서 사는 법을 배우고 자신의 욕망을 조절할 수 있는 것, 이게 바로 행복의 열쇠죠. 나뭇잎 위에서도 편히 잘 수 있는데 굳이 으리으리한 성을 꿈꿀 필요가 있을까요? 발루에게는 정글 모든 곳이 곧 자기 집 안방입니다. 이곳저곳 윙윙 날아다니는 벌들은 그에게 필요한 달콤한 꿀을 충분히 만들어줍니다.

인간은 항상 무한한 것을 추구하기 때문에 늘 불행합니

다. 사실 욕심을 버리면 아주 조금만 있어도 즐겁고 행복할 수 있습니다. 걱정이 가득한 사람은 행복할 수 없습니다. 행복의 기원은 평온에 있고, 거기에 도달하기 위해서는 발루의 비법처럼 우리 정신에서 근심을 떨쳐버려야 합니다. 그렇습니다, 웃고 뛰고 춤추고 노래해야 하죠!

또한 고통이 섞인 쾌락을 경계해야 합니다. 바나나를 따는 것은 간단한 일이지만, 가시가 가득한 열매라면 마냥 즐거울 수 없겠죠. 가시가 없는 열매만 먹는다면 굳이 조심할 필요가 없습니다. 그러므로 욕망의 대상을 올바르게 선택하는 것이 중요하며, 가장 순수한 쾌락을 주는 욕망을 선택해야 합니다.

필요한 것으로만 만족하는 법을 배우고 피상적인 욕심을 버리면 우리도 곰처럼 편하고 행복하게 살 수 있습니다.

자연스럽거나 공허하거나

이보다 철학적인 것이 있을까요? 발루는 고대 그리스 철학자 에피쿠로스의 정글판입니다. 발루가 그런 것처럼 에피쿠로스에게 최고선은 행복이고, 행복은 곧 쾌락입니다. 그렇다고 쾌락이라면 뭐든 다 좋지는 않죠. 골칫거리가 없는 쾌락, 즉 육

욕심을 버리면 모든 것이 즐거워

체적·윤리적으로 고통이 없는 쾌락이어야 합니다.

에피쿠로스는 최고선에 닿으려면 철학을 해야 한다고 가르쳤습니다. 행복이 욕망의 올바른 선택에 달려 있다면, 무엇보다도 어떤 것을 선택하고 거부하는 것이 좋은지 알 수 있도록 연습해야 합니다. 에피쿠로스에게 철학이란 바로 이런 판단을 훈련으로 익히는 과정입니다. 철학은 우리에게 신중함과 덕을 갖추고 살지 않는다면 행복할 수 없다는 사실을 일깨워줍니다.

발루처럼 에피쿠로스도 그의 현명함을 짧은 글과 격언을 통해 설명했습니다. 그러니 꼭 근엄하거나 몇 년 동안 읽어야 뜻을 겨우 이해할 만큼 방대한 분량의 철학이 아니더라도 심오하고 깊은 울림을 줄 수 있습니다! 철학을 하기 위해 많은 것이 필요하지는 않습니다. 몇 번의 수업으로도 우리를 불행하게 만드는 것으로부터 벗어날 수 있습니다.

그 예로, 우리는 행복을 위해 많은 것이 필요하지 않고 또 우리에게 자연적인 욕망과 공허한 욕망이 있다는 사실을 깨달아야 합니다. 에피쿠로스의 말에 따르면, 행복의 열쇠는 자연적인 욕망에 얼마나 집중할 수 있는지에 달려 있습니다.

두 욕망의 차이는 무엇일까요? 자연적인 욕망은 끝이 있지만, 공허한 욕망에는 끝이 없습니다. 음식은 배고픔을 달래

주고 음료는 갈증을 해소해주죠. 이러한 음식과 음료는 자연적인 욕망입니다. 하지만 사람은 결코 '충분히' 부자가 될 수도, 유명해질 수도, 강해질 수도 없습니다. 이런 욕망은 공허합니다. 즉 자연과 합일을 이루며 사는 이는 항상 부유하지만 공허한 욕망을 쫓는 이는 항상 가난할 수밖에 없습니다.

에피쿠로스주의자는 보통 쾌락 추구에 정신이 팔린 방탕한 사람으로 알려져 있지만, 사실 여기에는 금욕주의적인 면모가 있습니다. 여기서 '금욕주의'는 쾌락을 거부하는 것이 아닙니다. 우리의 생각과는 달리 에피쿠로스학파는 고통 없이 온전히 쾌락으로 남을 수 있는 쾌락만을 선택하도록 가르칩니다. 공허한 욕망으로도 잠시나마 즐거움을 얻을 수 있지만, 그 즐거움은 결코 충만한 것이 될 수 없으며, 그런 의미에서 공허한 욕망이 주는 즐거움은 언제나 고통이 혼재되어 있습니다.

적은 것으로도 만족하고 자연이 우리에게 너그럽게 베푸는 것을 누리며 사는 방식을 배우는 것이 에피쿠로스의 지혜입니다. 에피쿠로스에 따르면, 배고프지 않고 갈증을 느끼지 않으며 추위에 시달리지 않는 것은 신의 지복을 누리는 것과 같습니다. 물론 그의 영혼이 무한한 욕망을 추구하지도 않고 공허한 욕망의 늪에서 허우적대지 않는다는 전제하에 말이죠!

욕심을 버리면 모든 것이 즐거워

필요한 모든 것이 우리 곁에 있다

그렇기에 행복하기 위해서는 많은 것이 필요하지 않다는 사실을 받아들이는 것이 중요합니다. 즉 에피쿠로스가 말한 자연적인 욕망만을 추구해야 합니다. 어리석은 사람은 가진 것만으로는 만족할 줄 모릅니다. 그는 만족이 무엇인지도 모르고 평생 만족하지 못할 겁니다. 그러니 발루처럼 짚더미나 정글 속에서 걱정과 근심을 떨치고 자는 것이 〈로빈 훗〉의 존 왕자처럼 황금 침대에서 불안에 떨며 자는 것보다 낫습니다.

인간 세계로 돌아간 모글리가 발루의 걱정처럼 그들로 인해 망가지는 일이 없기를 기도합시다. 모글리가 인간의 마을로 돌아간다는 말을 듣고 발루는 이렇게 소리쳤습니다. "인간의 마을? 거기 가면 얘는 죽도 밥도 안 돼!" 모글리가 에피쿠로스학파 철학자 발루에게 배운 교훈을 잊지 않기를 바랍시다. 이제는 인간 세계에 사는 우리도 그 교훈을 잊지 맙시다. 젊을 때는 '철학하기'를 미루지 말아야 하고 나이가 들어서는 이를 멈추지 말아야 합니다. 그렇게 에피쿠로스가 말한 것처럼 웃고, 뛰고, 춤추고 노래합시다. 욕심을 버리면 모든 것이 즐거우니까요!

더 알고 싶다면
에피쿠로스, 〈메노이케우스에게 보내는 편지〉

"마음이 끌어다 주는 대로 자유로이 가고 싶어."

저 바다 밑에는
보바리슴이 있지

#인어공주 #플로베르

여러분이 배를 타고 나갔는데 날씨가 맑고 바람도 세서 배가 잘 나간다면, 그건 트라이튼 왕의 기분이 아주 좋다는 뜻입니다. '에이 뭐야' 하고 지나칠 미신이 아니라 명백한 사실입니다. 깊은 바다 밑에 상상도 못 할 굉장한 궁전이 있고, 그 궁전에서 트라이튼 왕이 인어족을 다스리며 살고 있다니까요. 뱃사람이라면 누구나 다 아는 사실입니다. 향기로운 바다에서 매일 축제를 여는 곳이라니, 정말 아름다운 궁전이죠. 이보다 멋진 곳은 찾을 수 없을 겁니다.

그런데 트라이튼 왕의 막내딸 에리얼은 이 아름다운 왕국에 별로 관심이 없습니다. 인간 세상에 매료된 그녀는 작고 비밀스러운 동굴에 난파선 잔해에서 찾은 물건들을 모두 모아두었습니다. 거기에는 포크, 항아리, 거울, 상자, 책 그리고 안경까지 뒤죽박죽 섞여 있었죠…. 사실 에리얼이 가장 좋아하는 건 위험을 무릅쓰고 난파선 잔해에서 새롭고 신기한 물건을 찾는 일이었습니다. 뭔가를 찾으면 그녀는 곧장 수면으로 올라가 자칭 '학자' 갈매기 스커틀에게 물건의 정체를 물어보곤 했습니다. 스커틀의 설명을 들어보면, 포크는 아주 희귀하고 특별하며 인간들이 머리를 빗을 때 쓰는 '스르륵삭'이 되고, 평범한 파이프 담배는 아주 오래전에 만들어진 '알쏭달쏭'이라는 악기가 됩니다. 에리얼은 인간 세상의 물건을 수집하는 데 정신이 팔려서 공주의 의무를 잊어버리고 말았습니다.

자유롭게 가고 싶어, 저곳으로!

사실 에리얼도 자신이 행운아라는 것쯤은 잘 알고 있습니다. 부족할 것 없이 분에 넘치는 삶을 살고 있거든요. 신비롭고 아름다운 것들에 둘러싸여 사는 걸 보면 모두 이렇게 물을 겁니다. "어머, 이게 모두 네 거니?" 에리얼 주변에는 눈이 휘둥그레질 정도로 진귀한 보물이 가득합니다. 사람들은 그녀의 삶

저 바다 밑에는 보바리슴이 있지

이 천국이라고 생각합니다. 하지만 에리얼은 그런 것에 관심이 없습니다. 그저 외로울 뿐이죠. 그녀가 원하는 건 그저 인간들이 사는 세상에 가서 그들이 춤추는 모습을 보는 것입니다. 인간들은 걷기도 하고 뛰기도 합니다. 에리얼은 인간처럼 햇빛을 쬐며 온종일 돌아다니고 싶어 합니다. 하지만 그러려면 지느러미가 아닌 두 다리가 있어야 합니다. 따뜻한 태양 아래 모래가 반짝이는 바다 위 '저곳으로' 올라갈 수만 있다면, 에리얼은 모든 것을 기꺼이 내놓을 기세였죠. 게다가 그녀에게 그 꿈은 한낱 망상이 아니었습니다. 언젠가 육지로 갈 기회가 오면 그녀는 떠날 생각이었습니다. 어떤 미련도 후회도 없이 말이죠.

어느 날 밤, 에리얼이 바다를 가르는 배를 보게 된 후 이 꿈은 더욱 절실해졌습니다. 파티가 한창인 배에서 사람들은 울려 퍼지는 음악에 맞춰 춤을 췄고 한편에서는 불꽃놀이가 펼쳐지고 있었죠. 에리얼은 넋을 잃고 그 광경을 바라보았습니다. 인간을 그렇게 가까이에서 본 것은 처음이었거든요. 그중에서도 특히 한 사람이 그녀의 시선을 끌었습니다. 에릭 왕자였습니다. 그때 갑자기 번개가 치면서 배가 폭풍우에 휘말리자 에리얼은 젊은 왕자의 목숨을 구합니다. 그리고 그를 왕국 바닷가 모래사장에 내려놓았습니다. 에리얼은 왕자가 의식을 잃은 동안 그의 얼굴을 어루만졌습니다. 이유는 모르겠지만 그녀는 그에게 반해버렸습니다. 바다로 돌아왔을 때 에리얼에게 남은 건 에릭 왕자의 곁에서 살고 싶다는, 아니 그저 그의 곁에 머무르기만 해도 좋겠다는 바람뿐이었습니다.

하지만 인간 세상과 바다 세상의 소통은 모두 엄격히 금지되어 있었습니다. 게다가 그의 아버지인 트라이튼 왕은 모든 인간을 흉포하고 야만적이며 물고기를 먹고 작살을 던지는 데다가 감정이라곤 찾아볼 수 없는 존재로 여겼죠. 딸의 꿈을 이해할 수 없었던 그는 에리얼을 지켜줘야 한다고 생각했습니다. 그에게 에리얼의 꿈은 불행의 조짐이었고, 그녀가 '보바리슴'이라는 병에 걸린 것처럼 보였습니다.

행복은 악마가 꾸며낸 환상이다

프랑스 소설가 귀스타브 플로베르는 애인에게 보낸 편지에서 자신은 행복 추구를 증오한다면서, 행복이란 시시하고 위험한 강박에 불과하다고 썼습니다. 그는 심지어 행복이 악마가 우리를 절망시키기 위해 꾸며낸 환상이라고 말했습니다. 그에게 행복을 믿는 것은 극적으로 불행해지는 가장 좋은 방법입니다. 그 사실을 증명하기 위해 플로베르가 쓴 소설이 《보바리 부인》입니다. 소설의 제목이자 주인공인 엠마 보바리는 행복을 믿다가 결국 파국으로 치닫는 인물입니다. '보바리슴bovarysme'이라는 표현은 그녀의 이름에서 유래한 것으로, 현실로는 만족하지 못하고 상상한 모습을 실제 자신의 자아로 착각하는 상태를 말합니다.

《보바리 부인》의 줄거리는 이렇습니다. 수녀원에서 연애소설을 읽으며 자란 엠마는 세상이 책에 그려진 것처럼 아름다울 것이라는 희망을 품고 사회로 나옵니다. 의사 샤를 보바리와의 결혼은 환상적인 삶을 약속하는 것 같았죠. 하지만 결혼 생활은 시간이 갈수록 아름답기는커녕 평범해도 너무 평범했습니다. 그녀는 온종일 남편을 기다렸지만, 집에 돌아온 그는 환자들에 관한 이야기만 늘어놓을 뿐이었습니다. 물론 성실한 샤를 보바리는 아내에게 충실했지만, 엠마는 그런 그의 사랑에 실망했습니다. 이래서야 그녀가 원했던 행복을 느낄 수 없었죠. 샤를과의 결혼은 그녀의 실수였습니다! 그녀는 연애 소설에 나오는 기쁨과 정념, 취기를 느끼기를 간절히 바랐습니다. 그래서 그녀는 애인을 사귀었습니다. 엠마는 애인과 함께라면 책에 나왔던 아름다운 사랑이 가능하리라 믿었습니다. 하지만 그 역시 남편과 같았습니다. 실망스러웠습니다. 그래서 엠마가 무엇을 했냐고요? 또 다른 애인을 사귀었습니다! 그리고 또다시 실망이 이어졌습니다. 다만 이번에는 애인을 사귀느라 쓴 돈을 메꾸기 위해 가족을 빚더미에 몰아넣었고, 그래서 약국에서 비소를 훔쳐 자살하는 것으로 장엄하고 비극적인 소설의 끝을 맺게 되죠.

이 이야기를 통해 플로베르는 우리에게 어떤 메시지를 전하려고 했을까요? 엠마 보바리를 비극으로 몰고 간 것은 행복이라는 관념, 다시 말해 어딘가에 지금보다 더 충만한 행복이 있을 것이라는 관념입니다. 그래서 그녀의 삶은 언제나 실망스러운 것이 될 수밖에 없었습니다. 보바리슴이란 바로 이런 겁니다. 머릿속에 그렸던 매혹적인 이상과 이를 항상 밑도는 현실의 괴리를 받아들이지 못하는 상태죠. 즉 보바리슴은 '불행의 보증수표'입니다.

저 건너편 바다의 미역이 더 싱싱해 보이지만

'저곳으로Part of Your World'를 부른 어린 에리얼도 엠마와 같은 증상에 시달리는 것이 아닐까요? 트라이튼 왕을 모시는 탁월한 음악가, 가재 세바스찬의 생각은 그렇습니다. 어린 에리얼을 감독하라는 임무를 맡은 그에게 에리얼의 육지 세상 동경은 순전히 망상에 불과해 보입니다.

그가 보기에 에리얼은 분명 엠마 보바리와 같은 환상에 시달리고 있습니다. 에리얼은 다른 이들이 원할 만한 모든 것을 갖고 있음을 인정하면서도, 이에 만족하지 못하고 더 큰 행복을 위해 지금 사는 곳을 떠나고 싶어 하니까요.

세바스찬은 다른 곳에서 실재에 결핍된 무언가를 찾을 수 있다고 믿는 건 위험하기에 우리에게 주어진 현실을 사랑해야 한다고 생각합니다. '저 바다 밑Under the sea'에는 이러한 세바스찬의 마음이 잘 드러나 있습니다. 이 노래는 에리얼의 '저곳으로'에 대한 일종의 답가입니다. 그는 저 건너편 바다의 미역이 더 싱싱해 보이지만, 막상 가보면 실망할 거라고 설명합니다. 같은 맥락으로 에리얼이 지금은 땅 위에서 살고 싶어 하지만, 이는 나중에 큰 재앙으로 돌아올 수 있죠. 그녀는 자신을 둘러싼 향기로운 바다 세상을 더 잘 살펴보고 사랑하는 법을 배워야 합니다. 세바스찬 말대로 저 바다 밑에서는 모두가 행복합니다. 바다 위의 인간들은 뙤약볕 아래서 온종일 일하지만, 바다 밑에서는 종일 즐겁게 헤엄치니까요.

바다의 늙은 마녀 우르슬라는 (한심해 보이는) 에리얼의 환상을 악용합니다. 트라이튼 왕을 공격하기 위해 어린 공주의 순진함을 이용한 그녀는 목소리를 대가로 에리얼이 인간의 몸으로 사흘 동안 지낼 수 있도록 해줍니다. 그동안 에리얼이 왕자의 사랑을 얻지 못하면, 그녀는 영혼을 우르슬라에게 빼앗기게 됩니다.

우르슬라가 마술을 좀 하는 건 사실입니다. 그건 그녀가 항상 갖고 있던 힘이니까요. 그녀는 에리얼에게 그런 힘을 외롭고 가련하며 비참한 이들을 위해 쓴다고 했습니다. 불쌍한 영혼들을 도와준다고 했지만, 사실 절망에 빠진 이들의 약점을 잡아 자기 배를 불리고 있었죠. 자신이 너무 뚱뚱하다고 생각하는 이는 해골처럼 삐쩍 마르길 원하고, 고독한 하루를 보내는 이는 순간의 사랑을 원합니다. 우르슬라는 그들의 꿈을 실현해줍니다. 하지만 대가 없이 무언가를 얻을 순 없죠. 동굴 속에 갇혀 고통받는 이들을 보면 알 수 있습니다. 저주받은 우르슬라의 죄수들은 자신이 가지지 못한 것을 원했던, 보바리슴이라는 병에 걸린 자들입니다. 그들의 꿈이 결국 그들을 파멸로 이끌었습니다.

에리얼이 마지막에 늙은 마녀의 손아귀에서 벗어날 수 있었던 것은 딸을 위해 자신을 희생한 트라이튼 왕의 개입 덕분이었습니다. 그녀의 보바리슴은 자신을 파멸로 이끌진 않았지만 많은 이에게 고통을 주었습니다. 디즈니의 〈인어공주〉는 원작의 비극적인 결말에서 아슬아슬하게 비껴가며 우리의 마음을 들었다 놓으면서도, 확실하게 우리에게 경고합니다.

그리고 어쩌면 인어공주는 우리를 비추는 거울이 아닐까요? 엠마 보바리가 읽었던 연애 소설이 우리가 어릴 때 보던 애니메이션과 같은 것처럼 말이죠! 디즈니는 우리를 꿈으로 안내하면서, 올바르게 꿈을 꾸는 방식도 함께 알려줍니다. 상상에 불과한 무언가를 위해 우리 일상을 깎아내리기보다는 삶 속에서 꿈과 마법을 찾는 것은 어떨까요?

더 알고 싶다면
귀스타브 플로베르, 《상드-플로베르 서간집》·《보바리 부인》

"살아 숨 쉬는 지금 이 순간,
즉 현재에만 집중한다면
걱정 없이 살 수 있을 것이다."

사는 게 힘들 땐
하쿠나 마타타

#라이온 킹 #스토아학파

"바로 너 때문에 네 아버지인 무파사 대왕이 죽은 게다."
스카 삼촌은 이렇게 말했습니다. 비극의 원인은 심바입니다. 그
가 누 떼에 휩쓸리지만 않았어도 아버지는 죽지 않았을 겁니다.
엄마가 알면 뭐라고 할까요? 이제 어떻게 하면 좋을까요? 충격
을 받은 어린 사자는 자문해봅니다. 가증스러운 삼촌은 이대로
도망가서 다시는 돌아오지 말라고 그를 몰아붙였습니다. 기죽
은 심바는 그렇게 달아나고 맙니다. 스카는 굶주린 하이에나 세
마리를 풀어 조카 심바를 쫓아가 죽이라는 명령을 내립니다.

피말리는 도주 끝에 심바는 사막에 들어서며 하이에나의
추격을 따돌리지만 정신을 잃고 쓰러지고 맙니다. 티몬과 품

바, 두 기묘한 동물이 그를 발견하지 않았다면 심바는 죽었을 겁니다. 둘은 심바를 구하고 그를 새 친구로 여깁니다.

정신을 차린 심바는 살아남은 것에 조금도 기뻐하지 않았습니다. 새로운 친구들이 이유를 묻자, 그는 자기가 있던 곳으로 돌아갈 수 없기 때문이라고 말합니다. 괴로운 일이라 차마 꺼낼 수 없다면서 과거를 되돌리기 전까지는 아무것도 할 수 없다고 말하죠. 품바는 곧바로 티몬의 철학이라면서 이렇게 말합니다. "잊어버린 과거는 지나갔어!" 어라, 뭔가 조금 이상한데… 티몬이 직접 나서 설명합니다. "지나간 과거는 잊어버려! 나쁜 일이 생겼을 때 막질 못하면 괴롭지?" 어린 사자는 그렇다고 대답합니다. "땡! 세상이 너를 버린다면 너도 세상을 버려!" 그리고 티몬은 그에게 이런 말을 알려줍니다. 하쿠나 마타타 hakuna matata! 무슨 뜻이냐고요? 그건 걱정하지 마세요!

모든 게 다 잘될 거야!

하쿠나 마타타, 정말 멋진 말입니다! 이는 아무런 걱정 말고 자기 삶을 살라는 표현으로, 티몬과 품바의 인생 철학이기도 합니다. "하쿠나 마타타는 우리의 '신조'야." 아니 근데 신조가 뭐야? "음…. 그냥 대충 좋은 말이야!" 아무튼 이 간단하고 쉬운 표현은 얼핏 보기에 별 의미 없어 보일 수 있지만, 심바의 모든 문제를 해결할 열쇠가 됩니다.

실제로 꼬마 사자는 하쿠나 마타타의 매력에 푹 빠져들게 됩니다. 그는 고통을 덜어내고 사막 한가운데 있는 오아시스에서 완전한 평온을 누리며 시간을 보냈습니다. 우리의 세 주인공은 완전하고 충만한 행복을 누립니다.

우리는 '하쿠나 마타타'와 이 안에 담긴 가치관이 아주 강력하다는 사실을 알 수 있습니다. 이 표현 덕분에 심바가 괴로움에서 벗어나 행복해질 수 있었으니까요. 그렇다면 정말로 그 생각이 삶의 무기가 될 수 있을까요?

정념에서 자유로운 지성은 견고한 요새와 같다

티몬과 품바 외에도 몇몇 철학자는 그렇다고 대답합니다. 스토아학파의 철학자들이죠. 그들은 철학에 아주 분명한 목적이 있다고 생각합니다. 철학은 우리에게 행복의 방법을 알려주죠. 또 철학은 우리의 근심을 없애면서 행복을 방해하는 마음의 병을 치유해줍니다. 이런 상태에 도달하기 위해서는 어떤 것을 긍정할 것인지 통제할 수 있어야 합니다. 즉 사물을 다른 시선으로 바라볼 수 있어야 하죠.

무엇을 긍정할 것인지 통제할 수 있게 되면, 우리는 우리에게 우주의 무한한 필연성 속에서 자유로운 작은 섬으로 존재할 역량이 있음을 깨닫게 됩니다. 쉽게 말해 티몬과 품바처럼 사막 한가운데에 오아시스로 존재하는 것이죠. 이렇게 '나'를 규정하는 일은 내면의 평화를 위한 조건입니다. 우리의 정신에서 우리가 통제할 수 없는 모든 것을 제거해야 합니다.

이상이 스토아학파 철학자 마르쿠스 아우렐리우스의 처방입니다. 우리는 우리의 정신에서 다른 이가 행하고 말할 수 있는 것, 과거의 우리 자신이 행하고 말한 것, 미래에 대해 우리를 걱정스럽게 하는 것을 모두 걷어내야 합니다. 또 우리 의지와 독립적으로 벌어지는 모든 것을 분리해야 하죠. 그런 건 우리가 어떻게 할 수 없으니까요. 그런 방식으로 자아의 경계를 구획할 수 있게 되면 정신은 근심으로부터 자유로워질 수 있습니다. 또 우리가 현재 너머의 미래와 이미 지나간 과거를 걱정하지 않을 수 있게 된다면, 오직 '지금 여기hic et nunc'의 순간을 사는 법을 배울 수 있다면 우리는 죽을 때까지 걱정 없이 평정을 유지하며 살 수 있을 것입니다.

사는 게 힘들 땐 하쿠나 마타타

마르쿠스 아우렐리우스는 인간의 영혼이 여러 겹의 원으로 둘러싸여 있다고 생각합니다. 철학적 훈련이란 이렇게 우리 영혼을 둘러싼 원형의 영역들이 '나'가 아닌 외적인 것임을 알고 분리하는 연습입니다.

우선 타인들이 우리 영혼을 에워싸고 있습니다. 우리는 남들이 뭐라고 말하고 생각하는지, 대체 왜 그러는지 고민하며 애태우지 말아야 합니다. 타인이 뭘 원할까 고민할 때 우리를 엄습하는 불안감을 몰아내야 하죠. 우리는 우리 자신에 집중해야 합니다. 심바가 한 일에 대해 다른 사자들이 어떻게 생각할지는 고민하지 말아야 합니다.

그다음 과거와 미래가 우리 영혼을 에워싸고 있습니다. 하지만 과거와 미래는 우리의 역량 바깥에 있죠. 우리에게는 오직 현재만이 있습니다. 바로 그 현재에 집중합시다. 무파사의 죽음을 다시 떠올리는 건 도움이 되지 않습니다. 이미 지나간 과거일 뿐이니까요.

그리고 이미 벌어진 사건이 헛되게 일으키는 감정의 영역이 있습니다. 우리는 이를 나름의 방식으로 해석하고 큰 영향을 받습니다. 그렇기에 사건을 중립적·객관적으로 바라보며 과장된 해석을 하지 말아야 합니다. 무파사의 죽음 자체는 부끄러운 사건이 아닌 자연스러운 현상입니다.

　　마지막으로 운명 그 자체가 우리 영혼을 에워싸고 있습니다. 사건이 우리 의지와 무관하게 흘러간다는 사실을 인정하게 되면, 우리는 비록 운명의 흐름에 떠밀려 내려가면서도 마치 운명을 초월하는 것처럼 존재할 겁니다. 운명은 어찌할 수 없다는 사실을 받아들이고 우리의 자리를 숙명 너머에서 찾아야 합니다. 심바는 아버지를 죽게 만든 원인이 아닙니다. 그는 운명의 주인이 아니기 때문이죠.

근심 없는 영혼을 위하여

　　심바는 두 철학자 친구에게 이런 것을 배웠습니다. 티몬과 품바 덕분에 심바는 사막 가운데서 내면의 요새를 지을 수 있었습니다. 스토아학파다운 모습이죠. 사막 한가운데에서도 오아시스를 찾을 수 있는 것처럼, 외부의 환경(타자성)이 나에게 적대적이라도 자기 자신에 집중한다면 시련 속에서도 기쁨을 누릴 수 있습니다. 티몬과 품바의 철학이 뿌리내린 장소는 결코 우연으로 정해진 것이 아닙니다. 오아시스가 곧 그들의 철학을 상징합니다.

사는 게 힘들 땐 하쿠나 마타타

이 요새에서 심바는 더 이상 돌이킬 수 없는 과거로 자포자기하지 않을 겁니다. 품바는 타인의 조롱이나 배척을 잊을 테죠. 세 동물은 그들이 힘을 발휘할 수 있는 유일한 때인 '지금 이 순간'에 집중하면서, 그리스인이 말하는 근심 없는 영혼의 상태, 즉 행복을 경험하게 됩니다.

그러던 어느 날 심바의 어린 시절 친구인 날라가 찾아와 사자 왕국이 어떻게 되었는지를 알려줍니다. 그러자 심바는 그가 마땅히 해야 하는 일을 하겠다고 선택합니다. 자연의 섭리라는 위대한 총체 속에서 운명이 정한 자신의 자리니까요. 스토아철학은 우리의 힘으로 어쩔 수 없는 것에 맞서지 말라고 가르쳤고, 심바는 자신의 운명을 받아들여야 합니다.

더 알고 싶다면
에픽테토스, 《삶의 기술》
마르쿠스 아우렐리우스, 《명상록》

#라이온 킹 #스토아학파

2장.
악당의
철학

"저들을 모두 사형에 처하라!"

"세상은 불공평해, 그렇지?
나는 죽었다 깨나도 왕이 못 될 거고...."

06 지옥의 불길이
르상티망을 태우고

#헤라클레스 #라이온 킹 #노틀담의 꼽추 #니체

모든 작품에는 악당이 있죠. 우리는 보통 주인공을 괴롭히는 악당들을 두려워하거나 싫어합니다! 물론 손가락을 빨면서 엄마를 찾는 찌질한 모습으로 웃음을 준 〈로빈 훗〉의 존 왕자처럼 우스꽝스러운 악당도 있습니다. 하지만 〈정글북〉의 쉬어 칸이나 〈뮬란〉의 흉노 샨유처럼 아주 어릴 적부터 우리를 두려움에 떨게 했던 악당도 많았죠. 이들은 이야기의 전개에 꼭 필요합니다. 어쩌면 디즈니의 작품에서 매력적인 악당은 멋진 주인공만큼이나 중요한 요소가 아닐까요?

이런 이유도 있고 악당들을 무시하는 경우가 많은 것 같아 이들을 좀 변호하는 차원에서, 우리는 앞으로 디즈니의 악당들을 유형 별로 살펴볼 겁니다. 그들의 악랄함은 어디서 비롯되었을까요? 이들이 악당이 되어버린 이유를 따져보죠. 우리는 그 악의 기원을 살펴볼 겁니다.

이 장에서 다룰 첫 번째 유형의 세 악당은 서로 다른 애니메이션에 등장할 뿐 아니라 디즈니의 팬에게도 조금씩 다른 취급을 받습니다. 〈헤라클레스〉의 하데스는 특유의 재치 있는 대사 덕분에 비교적 친근한 악당으로 통합니다. 반면 〈라이온 킹〉의 스카는 관객들이 도저히 용서할 수 없는, 자기 형인 무파사 대왕을 죽인 중죄를 저지른 최악의 악당입니다. 프롤로는… 말이 필요 없죠. 다른 악당보다도 칙칙합니다. 하데스처럼 웃기지도 않고 스카처럼 성공적이지도 않고, 근엄한 얼굴만큼이나 칙칙하기만 합니다. 그럼에도 세 악당에는 공통점이 있는데, 그들의 악의의 기원을 모두 니체의 개념으로 분석할 수 있다는 점입니다.

르상티망의 화신, 하데스와 스카

우선 하데스와 스카는 비슷한 위치에 있습니다. 그들은 왕 또는 최고신의 형제이고 운명이 그들에게 이인자의 자리를 주었습니다. 또한 그들은 모두 조카의 탄생이라는 혼란스러운 사건을 겪습니다. 하데스에게는 헤라클레스가, 스카에게는 심바가 있었습니다. 이로 인해 그들의 입지는 이전보다 한 단계 뒤로 물러나 버렸죠.

우리는 아기 헤라클레스의 탄생을 축하하기 위해 신들이 모인 연회장에서 하데스를 처음 만나게 됩니다. 하데스는 등장하자마자 초대받은 손님들의 눈살을 찌푸리게 하며 비아냥댑니다. "춤을 추든 결혼을 하든 마음대로 해!" 그도 그럴 것이 팔자 좋은 다른 신들과 달리, 하데스는 형인 제우스가 맡긴 우중충한 일이 산처럼 쌓여서 여유가 없었습니다. 지옥을 경영해야 했거든요.

지옥의 CEO가 된 하데스에게 남은 건 비난과 마음의 상처, 후끈한 머리카락뿐이었습니다. 그는 저승의 신으로서 인간들이나 괴롭히며 음침하고 으스스한 죽은 자들만 있는 저승 세계에서 시간을 보내야 했죠. 그런 상황에서 (눈치 없는) 제우스가 너무 무리하지 말고 쉬엄쉬엄하라고 하니, 분노가 폭발한 하데스는 음흉한 계획을 드러냅니다. 제우스를 죽이고 올림포스를 정복할 생각이었죠! 부하인 페인과 패닉을 데리고 운명의 세 여신과 이야기를 나눈 하데스는 정확히 18년 후에 모든 행성이 정확히 일직선을 그릴 것이라는 사실을 알게 됩니다. 여신들의 예언에 따르면 그날이 거인족 티탄을 감옥에서 해방시키고 제우스를 몰아낼 수 있는 운명의 시간이었습니다. 그날이 오면 하데스가 세상을 지배할 수 있습니다! 다만 세 여신은 아직 좋아하긴 이르다고 경고했습니다. 조카인 헤라클레스와 싸우면 하데스가 질 운명이었거든요. 그러자 그는 티탄족을 풀어주고 제우스와 헤라클레스를 죽이리라 다짐합니다.

자, 이제 〈라이온 킹〉의 스카로 가볼까요? 우리는 그가 작은 쥐를 잡고 빈정거리는 장면에서 그를 처음 만납니다. "세상은 불공평해, 그렇지? 나는 죽었다 깨어나도 왕이 못 될 거고… 넌 다시는 빛을 못 볼 테니까…!" 그날 아침 그의 조카 심바의 탄생이 알려지면서 스카는 왕위 계승 서열에서 밀려났습니다. 그래서 라피키가 심바를 모든 동물 앞에 들어 보일 때도 그는 기뻐하지 않았죠. 그의 형 무파사가 정확한 해명을 요구하자 예식이 있는 걸 깜빡 잊었다는 핑계를 대며 사과하기는 했지만, 수상한 협박을 덧붙입니다. 스카를 과소평가하지 말아야 합니다. 스카가 싸움은 영 못하지만 머리로 치면 그를 따라올 사자가 없거든요. 실제로 그는 거칠고 비열하며 야비하지만 세력이 있는 하이에나와 그의 통찰력 및 계략이 힘을 합치면 가능성이 있다고 보고,

지옥의 불길이 르상티망을 태우고

그들과 함께 음모를 꾸밉니다. 스카는 그들에게 자신을 따르면 일생일대의 기회가 올 것이라며 새로운 시대를 약속하고, 자신의 치밀한 계획과 뛰어난 머리를 따를 자가 없다며 하이에나들을 설득합니다. 그는 존경을 받고 전지전능한, 말 그대로 최고의 왕이 될 생각이었습니다. 그리고 스카는 형인 무파사 대왕과 조카인 심바를 죽이리라 다짐합니다.

하데스와 스카는 독일의 철학자 프리드리히 니체가 말한 르상티망ressentiment의 완벽한 예입니다. 니체가 말한 르상티망이란 나약함에서 비롯된 증오, 원한을 말합니다. 불행의 주체가 불행의 원인을 다른 대상에서 찾는 상태기도 하죠. 실제로 불행하게 된 건 그 주체의 잘못인데도 말입니다. 물론 이런 생각은 순전히 망상이며 불행의 원인으로 지목된 대상은 희생양에 불과합니다. 사실 고통받는 이는 불행을 이겨낼 만큼 강한 힘을 가지고 있지 않기에, 불행을 이겨내는 것보다 불행의 원인을 타인에게 돌리고 이를 정당화하는 편이 더 쉽고 빠릅니다. 르상티망에 사로잡힌 이들은 스스로 행동하고 새로운 것을 만들어낼 수 없어 모든 능동적인 것에 반대하게 됩니다.

하데스와 스카는 고통받고 있습니다. 둘은 고통의 원인을 누군가의 행위에서 찾으려 합니다. 즉 누군가가 자기에게 해를 끼쳤기 때문이라고 단정하며 그들도 자기처럼 고통받기를 바랍니다. 하데스에게는 제우스와 헤라클레스가, 스카에게는 무파사와 심바가 르상티망의 대상이 됩니다. 이러나저러나 일단 비난할 대상을 고통의 (망상 속) 원인으로 지목하면, 르상티망에 사로잡힌 이들은 그 대상에게 자신의 정념을 쏟아내기 시작합니다. 하데스와 스카는 진정한 르상티망의 화신으로서 부정적인 감정으로 가득한 존재이자 적의에 차 있으며, 무엇보다 그들은 '능동적'으로 진정한 행위를 할 수 없는 존재입니다. 그렇기 때문에 르상티망의 영향으로 이루어진 행위는 음모건 쿠데타건 결코 창조하거나 실제 힘을 갖지 못하는 '반동'에 그치죠.

내가 가지지 못하면 부숴버리겠어

재판관 프롤로는 어떨까요? 그는 파리에서 죄와 악에 맞서 싸우는 임무를 맡고 있습니다. 세상은 타락해버렸습니다. 프롤로 그가 세상을 정화해야 합니다! 어느 날 밤, 그는 도망치는 집시의 뒤를 밟습니다. 프롤로는 그녀가 품에 감추고 있는 것이 도둑질한 음식이라고 생각했습니다. 그녀는 가까스로 노트르담 대성당의 문에 도착해 보호를 요청하지만 프롤로에게 붙잡히고

많니다. 뺏으려는 자와 뺏기지 않으려는 자의 실랑이가 이어지다가 프롤로는 그만 그녀를 죽이게 되죠. 하지만 그녀가 훔친 음식이라 생각했던 것은 사실 아기, 그것도 괴물처럼 생긴 아기였습니다. 이미 아기의 어머니를 살해한 그는 아기마저 우물 바닥에 던져 죽이려 했죠. 그때 노트르담 대성당의 부주교가 나타납니다. 프롤로는 집시의 죽음에 대해 자신은 아무 책임이 없다고 주장하지만 부주교는 그를 비난했습니다. 프롤로는 자기 자신과 부하를 속이고, 자신에게 아무런 죄도 없다고 주장합니다. 하지만 옳은 일을 했다고 스스로를 속일 수 있어도 노트르담 대성당의 수많은 시선까지 피할 순 없었죠!

프롤로는 집시의 흉측한 아기가 저주받은 악령과 같아서 지옥으로 돌려보내야 한다고 생각하지만 어쩔 수 없이 아기를 살리기로 했습니다. 그리고 아기에게는 '콰지모도'라는 이름을 지어주었죠. 어쨌든 부주교와 약속한 프롤로는 콰지모도를 노트르담 대성당의 종탑에 가둬서 키우게 됩니다.

몇 년 후, 바로 그 프롤로가 젊은 집시 에스메랄다에게 타오르는 열정을 느낍니다. 이 사랑이 그를 괴롭힙니다. 내가 저하찮고 천박한 집시에게 반하다니! 마음이 찢어지는 것 같지만 그는 더더욱 자신이 부끄럼 없는 길을 걸어왔다고 주장합니다.

그는 새하얀 눈처럼 순수한 자신의 마음이 저런 천한 여자와는 다르다고 확신하죠. 그녀의 뜨거운 눈빛은 그의 마음에 불을 질렀고, 그를 사로잡았습니다. 이걸 설명할 방법은 없습니다. 불타는 그녀의 모습이 그를 뜨겁게 달구는 것 같았죠. 지옥의 불길이 그의 몸을 태웠고, 그는 뜨거운 욕망이란 죄악에서 헤어나올 수 없었습니다. 그는 스스로 판결 내립니다. "하늘이 나를 벌하는 것이다! 아니 어쩌면⋯" 프롤로는 되묻습니다. "진짜 내 잘못이 맞을까? 내 마음에 불을 지핀 건 집시인데 정말로 내 잘못이라 할 수 있을까? 신이 인간을 사탄 앞에 연약한 존재로 만들었다면 내 탓으로 돌릴 수 없는 게 아닌가?" 결국 번뇌 끝에 그가 바라는 것은 에스메랄다의 죽음입니다. 그녀는 죄인이니 당연히 벌을 받아야 했습니다. 그리고 그녀는 벌을 받게 될 것이었습니다. 그가 확실히 그렇게 만들 것이었거든요. 에스메랄다가 그를 사랑한다고 말하지 않는다면요.

현실에서는 시궁창인 내가
배후 세계에서는 먼치킨?

프롤로는 니체가 추구한 심오한 심리학의 마지막 단계를

구현합니다. 《차라투스트라는 이렇게 말했다》에서 니체는 프롤로 같은 인물을 '배후 세계를 신봉하는 사람'으로 칭했습니다. 이는 자신의 나약함을 변호하고자 강함을 약함이라고, 약함은 강함이라고 뒤바꿔 말하며 가치를 전도하는 사람을 말합니다. 프롤로는 니체가 말한 '금욕적 이상'을 구현합니다.

그들은 자신이 무력하다는 이유로 삶보다 더 우월한 가치, 즉 경건함을 끌어들여 삶을 평가합니다. 그런데 이러한 가치는 현실의 삶과 대립하는 것으로, 가장 반동적이고 나약하며 병든 자에게만 구원을 약속합니다. 그러면서 가치의 전도가 일어납니다. 무력함은 순수함이 되고, 힘은 곧 죄가 되죠. 이러한 가치 판단은 너무 비틀려 있어서, (프롤로처럼) 그런 말을 내뱉는 사람이 사실은 고통 속의 노예라는 사실을 알아차리기 어렵습니다. 프롤로처럼 순결을 설파하는 건 사람들에게 본성을 거스르라고 공공연하게 부추기는 일입니다. 니체는 성생활에 대한 모든 멸시와 성생활을 불순함 같은 관념으로 더럽히는 것은 건강한 정신에 위배되며, 삶 그 자체에 대한 범죄라고 생각했습니다.

사실 프롤로가 에스메랄다를 단죄하려는 건 자신이 그녀에게 품은 욕망을 채울 수 없었기 때문입니다. 그는 분명히 말했습니다. "에스메랄다를 지옥에 보내시든지 절 사랑하게 해주소서!" 그러므로 니체의 생각처럼 프롤로가 도덕적 판단을 내린 근거는 그의 욕구불만이었습니다.

금욕적 이상에 사로잡힌 인간은 경건함 외에도 자신의 비참함을 위로하기 위해 배후 세계를 고안합니다. 그렇습니다. 나약한 자들은 현실 세계에서 제대로 살아가지 못하는 자신의 무능력을 보상하기 위해 새로운 세계를 만드는 것이죠. 배후 세계는 우리가 사는 현실 세계보다 더 실재답고 더 중요한 곳입니다. 그 세계에서는 그가 만든 도덕적 가치가 지배하고, 정의로운 자들이 보상을 받을 것이며, 꼴찌는 첫째가 될 겁니다. 오늘 욕망으로 가득한 자신들의 삶에서 억눌리고 콤플렉스를 느끼며 고통받던 이들은, 내일 무력함이 아닌 '순수함'에 대해 보상받을 것이며, 반대로 대지의 삶에서 힘을 누리던 강한 자들은 '음란함'으로 처벌받을 겁니다! 물론 사실은 이와 다릅니다. 니체는 자신의 책에 이렇게 적었습니다. "고뇌와 무능력, 그리고 덧없는 망상이 배후 세계를 꾸며낸 것이다!"

이제 우리는 알 수 있습니다. 디즈니의 경이로운 세상에서는 악당들도 생각할 거리를 던져줍니다. 앞서 언급한 세 악당은 우리로 하여금 육체를 경시하는 자와 삶의 기쁨에 독을 타려는 반동적인 자에게 흔들리지 않고 삶과 힘을 긍정하도록 만들어줍니다.

더 알고 싶다면
프리드리히 니체, 《도덕의 계보》·《차라투스트라는 이렇게 말했다》

"왕이 되려고 나한테 이런 짓을 했다는 말이지?"

07 이 세상에는 악, 미움, 그리고 정동이 존재해

#잠자는 숲속의 공주 #말레피센트 #스피노자

세상에, 말레피센트가 왔습니다! 대체 무슨 일을 하려고 온 걸까요? 사실 오늘은 왕국의 축제 날입니다. 스테판 왕의 외동딸인 오로라 공주의 세례식이 있을 예정이거든요. 귀한 자리인 만큼 잔인하고 무섭기로 유명한 마녀 말레피센트는 당연히 초대받지 못했습니다. 그런데 지금 이 자리에 마녀가 오다니요…!

그녀는 이미 연회장에 모여 있는 이들을 내려다보며 조소를 보냅니다. 능청스러운 말투로 정말 멋진 잔치라고 칭찬하면서요. 왕족, 귀족, 신사, 그리고… 세 요정 플로라, 파우나, 메리웨더까지. 말레피센트는 요정들을 보며 삼류 요정까지 왔다고 덧붙입니다. 자신에게 초대장도 보내지 않은 것에 섭섭해하면서요. 기분이 상한 메리웨더가 오지 말란 뜻이라며 딴지를 놓자 마녀는 인상을 찌푸립니다. "그게 무슨 말이야? 오지 말란 뜻이라고?" 눈치 없는 요정이 우리끼리 쉬쉬하던 사실을 대놓고 말해버렸네요! 마녀는 그저 자기 초대장을 깜빡했기만을 바랐지만, 이렇게 된 이상 이대로 꼼짝없이 가버릴 수밖에 없게 됐습니다.

눈치 빠른 여왕은 고귀하신 말레피센트께서 부디 용서해주시기를 슬쩍 부탁합니다. 말레피센트는 물론 용서할 겁니다. 당연하죠. 악감정이 없다는 것을 보여주기 위해 그녀도 아기 공주님께 선물을 하나 합니다. "잘 들으세요, 모두!" 마녀는 이렇게 말합니다. "오로라 공주는 여러분들이 바라는 대로 우아하고 아름답게 자라 모든 사람의 사랑을 받게 될 겁니다. 그러나 그건 오로라 공주의 열여섯 번째 생일날까지만이죠. 그해가 저물기 전에 공주는 손가락을 물레바늘에 찔려 죽게 될 거거든요!" 스테판 왕이 당장 마녀를 잡으라고 소리를 질러보지만 아무도 말레피센트를 잡을 수 없었습니다.

말레피센트라는 이름이 잘 어울리지 않나요? 이름 그대로 정말 나쁜 인물입니다. 요람에 있는 불쌍한 아기에게 저주를

이 세상에는 악, 미움, 그리고 정동이 존재해

내리는 말레피센트는 악당 중에서도 가장 악랄한 악당처럼 보입니다. 그렇지만….

왕이 되려고 나한테 이런 짓을 했다는 말이지!

여러분이 잘 알고 있는 이 유명한 이야기를 다시 한번 들어보면 말레피센트가 악의를 품게 된 원인을 이해하실 겁니다. 앞서 말했던 악의의 기원 중, 말레피센트는 잘못된 만남에서 비롯된 악의를 보여줄 겁니다.

옛날 옛적에 사이가 몹시 나쁜 두 이웃 왕국이 있었습니다. 한쪽은 인간의 왕국으로, 허영심 강하고 욕심 많은 왕이 다스렸습니다. 만족을 몰랐던 인간 왕국의 주민들은 아름답고 풍요로운 이웃 왕국을 늘 부러워했습니다. 이웃인 무어스 왕국에는 신비롭고 아름다운 생물들이 어우러져 살고 있었거든요. 이들은 왕이나 여왕 없이 서로를 믿고 살았습니다. 그런 그들을 평범한 소녀가 지켜주고 있었습니다. 뭐, 겉으로는 평범한 소녀지만 사실은 요정이었죠. 그 요정이 바로 말레피센트입니다.

말레피센트는 어렸을 때 스테판이라는 소년을 만났습니

다. 그도 그녀처럼 고아였죠. 그는 인간 왕국의 헛간에서 살고 있었습니다. 하지만 언젠가는 성에서 살 것이라고 말하고 다녔죠. 스테판과 말레피센트는 둘도 없는 친구가 되었습니다. 한동안 적어도 두 친구에게는 인간과 요정의 오랜 미움이 가신 듯했습니다. 으레 그렇듯이 우정은 점점 사랑으로 변했고, 말레피센트의 열여섯 번째 생일날 스테판은 진실한 사랑의 입맞춤이라는 선물을 준비합니다.

그러나 권력에 눈이 먼 스테판은 점점 말레피센트와 멀어지게 됩니다. 인간 왕국의 왕은 말레피센트의 힘을 알게 되고 그 기세를 꺾어 버리기로 하죠. 왕에게는 그의 뒤를 이어 자신의 딸을 지켜줄 후계자가 필요했기 때문에, 그는 말레피센트를 죽이는 자를 후계자로 삼겠다고 선언했습니다.

그래서 스테판은 무어스에 가서 말레피센트를 부르고, 그가 인간들이 그녀를 죽이려 한다는 사실을 경고하러 온 것처럼 믿게 합니다. 그는 말레피센트가 자신의 품에서 잠들 때까지 기다리고 그녀를 죽이려 했죠. 하지만 차마 그럴 수 없었던 그는 말레피센트가 죽었다는 증거로 날개를 잘라 가져갑니다. 이렇게 스테판은 왕이 되기 위해 말레피센트의 몸을 훼손하고 맙니다.

이 세상에는 악, 미움, 그리고 정동이 존재해

말레피센트가 잠에서 깨어났을 때 마음이 어땠을지 짐작 가시나요? 그녀는 완전히 다른 존재가 되었습니다. 그날부터 그녀는 우리가 아는 바로 그 마녀, 말레피센트로 다시 태어났습니다.

우리는 모두 사물의 원인에 무지한 채로 태어난다

그날 이후 말레피센트는 스피노자가 말한 '슬픔의 정념'에 사로잡혔습니다. 그녀는 스테판이라는 제삼자의 개입으로 역량을 잃었고, 그래서 모든 것이 스테판의 책임이라고 생각합니다. 그녀가 더는 날 수 없다면 그건 분명 스테판이 그녀의 날개를 잘랐기 때문입니다. 그렇다면 그가 그녀의 불행에 책임이 있다고 볼 수 있지 않을까요? 이렇게 합리적으로 보이는 분석이 말레피센트를 악당으로 만듭니다. 그녀가 스테판에 대한 증오에 떠밀려 행동했기 때문입니다. 그녀에게 스테판은 슬픔의 원인의 제공자이기에 곧 증오의 대상이 됩니다. 이런 것이 스피노자가 《에티카》에서 명확하게 제시한 정동情動의 논리입니다. 게다가 이런 증오는 스테판이 자신을 증오하고 있다고 생각하면서 피어난 감정이기에, 그녀는 더욱 분노하고 원한을 품게 됩니다. 그렇게 슬픔에서 이어지는 부정적인 정념의 끔찍한 연쇄 작용이 시작되죠….

이러한 슬픔의 정념이 끝없이 이어진다는 건 이해하겠지만, 말레피센트가 이런 정념에 빠져 있는 것이 잘못된 일이라는 사실은 아직 이해하기 어렵습니다. 다시 한번 스피노자는 말레피센트의 아픔이 철학적 오류에 의해 악의가 된 이유를 설명합니다. 말레피센트는 스테판에 의해 신체가 훼손되면서 고통을 받습니다. 자연스레 그녀의 힘이 줄어들었죠. 이러한 고통은 부정할 수 없습니다. 하지만 이런 외적 고통에 스테판이 그녀에게 잘못된 일을 하기를 원했다고 생각하면서 발생하는 내적 고통이 더해집니다. 즉 사랑했던 연인이 자유의지에 따라 의도적으로 그녀를 공격했다고 생각하면서 고통이 심해지는 것이죠. 날개가 찢어진 육체적 상처보다 배신을 당했다는 마음의 상처가 훨씬 컸습니다.

다만 그녀의 생각은 전혀 사실이 아닙니다! 말레피센트의 실수는 우리 모두를 구속하는 인과 관계의 연쇄망을 전혀 이해하지 못했다는 점입니다. 그러다 보니 그녀는 스테판이 온전히 자유로운 주체라고 생각했고, 그래서 그가 그녀를 해치기를 원했다고 믿은 거죠. 말레피센트는 스테판이 자신의 행위에 대해서 절대적인 권한을 가지고 있다고 그가 스스로를 규정한다고 생각합니다. 그리고 그가 변심한 원인을 자연이 아니라 인간의 본성인 악덕에서 찾고, 그래서 인간을 저주하게 됩니다.

말레피센트는 자유의지라는 잘못된 철학적 전제에 기대어 스테판을 자유로운 주체이며 책임을 져야 하는 존재로 만들어버립니다. 그런데 사실 스테판은, 굳이 따지자면 행동'한' 것이 아니라 행동하도록 내몰린 겁니다.

스테판의 행위를 원인의 연쇄 관계에서 벌어진 것으로 이해할 수 있었다면, 그녀는 적어도 그녀를 괴롭혔던 정념의 고통에서 벗어날 수 있었을 겁니다. 말레피센트는 사실 날개를 잃은 기억보다 배신당했다는 감정 때문에 더 고통받고 있기 때문입니다. 그녀가 《에티카》를 읽었다면 그런 고통에서는 벗어날 수 있었을 텐데 말이죠.

저놈이 내 손목을 잘랐는데 체면을 차리게 생겼어?

이제 여러분들은 이들을 이해할 수 있을 겁니다. 영화 〈말레피센트〉와 애니메이션 〈잠자는 숲속의 공주〉를 같이 보면 아주 흥미로운 악의 근원이 눈에 띕니다. 여기서 '악'은 잘못된 만남, 해체된 관계와 우리에게 일어날 법한 사건에 대한 잘못된 이해에서 시작됩니다. 인간이 자연의 한 부분에 불과하다는 스피노자적 인식이 말레피센트의 (육체적) 고통을 멈추게 할 수는 없지만, 그 상처를 증오로 변화시키지 않도록 도와줄 겁니다.

디즈니의 두 인물이 말레피센트와 같은 질병을 앓고 있습니다. 피터 팬의 라이벌인 후크 선장과 〈인어공주〉의 흉악한 마녀 우르슬라 말이죠. 후크 선장은 피터 팬과 마주한 후 자신의 그림자에 불과한 존재가 됩니다. 피터 팬과 싸우다가 손목이 잘려 악어에게 먹힌 후, 그는 나머지 손맛도 보고 싶은 악어에 쫓기며 살죠! 그래서 후크 선장은 해적질을 해도 기뻐하지 않고, 가로지를 바다도, 약탈할 배도 없이 그 역시 복수라는 슬픔의 정념 속에서 소외되어 버립니다. 우르슬라 역시 마찬가지입니다. 트라이튼 왕이 그녀를 왕궁에서 추방시키자 우르슬라는 자기가 머무는 곳을 증오하게 되죠.

디즈니는 세 인물을 통해 우리가 스피노자주의에 따라 기쁨의 정념을 키워야 한다는 것을 가르쳐줍니다. 우리의 삶을 위축하는 정념에 사로잡히도록 방치하는 대신, 어떤 시련이 닥

치더라도 우리에게 활력을 불어넣는 기쁨의 정념을 키우는 것
이 정신 건강에 좋습니다.

더 알고 싶다면
바뤼흐 스피노자, 《에티카》

"세상에서 가장 아름다운 건 바로 왕비님이죠."

거울아, 나보다 아름다운 사람이 있을 수 있니?

#백설공주와 일곱 난쟁이 #플라톤 #피치노

"자파의 사악한 마법보다, 스카의 흉악한 음모보다, 우르슬라의 불길한 저주보다도 훨씬 전에… 바로 내가 있었다! 내가 독을 바르기 위해 사과를 솥에 넣었어! 난 세상에서 가장 사악한 악당이지!" 백설공주의 새엄마이자 왕비인 그림하일드는 디즈니 애니메이션 중에서 가장 먼저 만들어진 작품인 〈백설공주〉 플래티넘 에디션의 예고편에서 자신을 이렇게 소개합니다.

그래서인지 그림하일드는 자신이 모든 악당들의 여왕이라고 자부합니다. 그녀의 악의는 어디서부터 시작됐을까요? 그녀가 언급했던 자파나 스카의 악의는 르상티망에서 시작됐습니다. 우르슬라의 악의는 복수에 집착하는 슬픔의 정념에서 비

롯됐습니다. 하지만 그림하일드의 경우는 조금 다른데요, 그녀
는 이미 왕비였고 복수를 원할 만큼 공격을 받은 적도 없습니
다. 그렇다면 그녀를 좀먹는, 그녀를 디즈니의 악당 중에서도
가장 사악한 악당의 자리에 올려놓은 악의의 기원은 대체 무엇
일까요?

거울아 거울아, 세상에서 누가 제일 예쁘니?

백설공주의 이야기를 다시 떠올려봅시다. 옛날 옛적에 눈
송이가 내리던 날, 한 왕비가 창가에서 바느질을 하고 있었습니
다. 손가락이 바늘에 찔려서 피 한 방울이 바닥에 떨어졌죠. 눈
위에 떨어진 붉은 피가 얼마나 아름다웠던지 왕비는 그녀의 아
이가 눈처럼 새하얀 피부에 사과처럼 새빨간 입술과 새까만 머
리카락을 갖고 태어나길 바랐습니다. 그 바람대로 백설공주가
태어났죠. 하지만 안타깝게도 그녀의 어머니는 백설공주를 낳
다가 죽고 말았습니다.

그녀가 죽고 일 년 후 왕은 새로운 왕비를 맞이했습니다.
그녀는 아주 아름다웠지만 자신의 아름다움에 대한 자부심이
강하고 오만했기 때문에 자기보다 아름다운 사람이 있는 걸 견

딜 수 없었죠. 그래서 어린 백설공주에게 누더기를 입히고 하녀처럼 부려먹었습니다. 또 그녀는 매일같이 마법의 거울에 이렇게 물었습니다. "거울아 거울아, 세상에서 누가 가장 예쁘니?" 거울은 매일 "바로 왕비님이죠"라고 대답했습니다. 덕분에 백설공주는 왕비의 심술에서 벗어날 수 있었습니다. 이로써 우리는 그림하일드의 악의는 오만함에서 비롯됐다는 사실을 알 수 있습니다.

하지만 백설공주는 계속 자랐고 점점 아름다워졌습니다. 어느새 태양처럼 빛나고 왕비보다 훨씬 아름다워졌죠. 그래서 어느 날 왕비가 거울에게 매일같이 하던 질문에 이전과 다른 답을 듣고 치를 떨게 됩니다. 거울은 왕비가 눈부시게 아름답지만 백설공주가 훨씬 아름답다는 사실을 분명하게 알려줬습니다.

왕비는 펄쩍 뛰면서 질투로 새파랗게 질렸습니다. 바로 그때부터 오만한 왕비는 백설공주를 너무도 미워하며 그녀를 보면 심장이 뒤틀리는 것처럼 견딜 수가 없었습니다. 오만함과 질투심이 그녀의 마음을 가득 채웠고, 낮에도 밤에도 발 뻗고 누울 수 없었죠. 결국 그녀는 자신의 라이벌을 죽이기로 결정합니다.

욕망은 우리를 예지적인 세계로 이끌어야 한다

그림하일드가 자신의 이미지로부터 소외되고 거울에 중독되어 매일 자신의 우월한 아름다움을 확인받으려는 것은 철학자 마르실리우스 피치노가 (플라톤의 《향연》 주해서로 쓴) 《사랑에 관하여》에서 제시한 분석을 떠올리게 합니다.

이 책은 플라톤의 대화 편에서 시작합니다. 일곱 연사가 등장해서 나름대로 사랑의 욕망과 그 본성을 정의하죠. 처음에 나오는 고대 그리스의 희극 작가 아리스토파네스는 경이로운 신화를 하나 지어냅니다. 신화에 따르면 인간은 원래 머리가 둘, 팔과 다리가 넷씩 달린 구球 형태의 생명체였습니다. 하지만 신의 노여움을 받은 인간은 두 팔과 다리가 달린 반쪽짜리 생명체, 즉 두 사람으로 갈라집니다. 그들은 그때부터 잃어버린 반쪽을 끊임없이 찾게 되고, 이 과정이 곧 사랑이죠.

물론 이 낭만적인 신화는 플라톤의 저서에 있는 내용이지만, 정확히 말하면 플라톤적인 것이 아닙니다. 그렇기에 대화 편의 뒷부분에서 플라톤은 욕망이 우리를 우리와 비슷한 존재(즉 우리가 잃어버린 반쪽)가 아니라 예지적인 실재계로 이끈다는 생각을 이 신화와 대립시킵니다. 그리고 이런 실재의 파편은 감각계에서도 우리를 끌어당길 수 있습니다. 플라톤은 그런 것이 이상적인 욕망이라고 말합니다. 우리를 단계별로 다른 존재의 층위로 인도해 가는 것이죠. 감각계에 붙들려 있는 것, 그러니까 아름다운 육체에 대한 욕망에 집착하는 것은 욕망의 자연스러운 경로를 구속하는 것이고, 예지적인 것을 통해 진정한 인간(정신)으로 우리 자신을 실현할 기회를 버리는 겁니다.

마르실리오 피치노는 이런 플라톤의 분석을 쉽게 이해하기 위해 나르키소스의 신화를 예로 듭니다. 나르키소스는 호수에 비친 자신의 모습에 매혹된 나머지, 호수의 너머에 있는 대상과 진정한 사랑의 대상(실체)을 구분하지 못하고 익사했습니다. 플라톤에게 진정한 대상은 예지계였고, 피치노에게는 창조자인 신이 됩니다. 플라톤과 피치노 두 경우 모두 타자성에 도달하기 위해서는 초월이 필요합니다.

초월하기 위해서 인간은 동일자le même에 대한 사랑에 머물러서는 안 됩니다. 피치노는 육체의 아름다움에 머물러 있다면 그 정신은 이성에 치명적인 캄캄한 심연 속으로 빠져들게 될 것이라고 설명했습니다. 하데스 강에서 그림자에 둘러싸인 장님으로 지내게 될 것이라면서요.

피치노는 나르키소스 신화를 차용해서 정신이 결정적인 선택을 하는 순간을 나타냈습니다. 정신은 감각적인 아름다움을 보는 것에서 출발해 예지적인 것으로 상승하고 정신의 본성에 맞게 신을 관조하기에 이를지, 아니면 감각적인 것에 현혹되어 결코 만족할 수 없는 타오르는 욕망에 사로잡힐지를 자유롭게 선택할 수 있습니다. 그러므로 나르키소스는 스스로를 알지 못하는 정신, 즉 자신의 진정한 신적 본성에 무지해서 물질계에서 자신을 잊어버린 정신에 대한 알레고리라고 할 수 있죠.

피치노에게 신으로 향하는 초월 혹은 상승은 타인에 대한 사랑에서 시작합니다. 사랑은 그렇게 영적인 세계에서의 탄생이며 물질적인 세계에서의 죽음, 자기 자신의 죽음, 타자 속에서 자신을 잊고 자아를 잃는 것과 같습니다.

나의 소원은 변하지 않는 진실한 사랑

그러니 그림하일드는 퇴락한 존재이자 나르키소스처럼 매일 거울 속에서 관조하는 자신의 이미지에 사로잡힌 존재입니다. 자신의 인간성을 관철하지 못하고 있죠.

백설공주는 나르키소스와 정반대입니다. 그림하일드는 등장할 때부터 거울에 질문을 던집니다. 백설공주 역시 우물에서 자기가 비친 모습을 발견하죠. 새엄마처럼 그녀도 자신의

거울아, 나보다 아름다운 사람이 있을 수 있니?

이미지에 현혹되고 아름다움에 사로잡힐 수 있었습니다.

그러나 백설공주는 자기가 투영된 이미지에 눈길도 주지 않습니다. 반대로 그녀는 거기서 다른 이가 나타나기를 기원합니다. 그녀의 소원은 변하지 않는 진실한 사랑을 보는 것이고, 그 대상이 어서 나타나기를 바랍니다. 백설공주에게 왕자의 사랑은 자기 자신을 향한 왕비의 나르키소스적 사랑과 반대로 영적인 세계에서 태어나는 것과 같습니다. 그 사랑은 분명히 자기 자신의 죽음이고 타인 속에서 자신을 잊고 자아를 잃는 것입니다. 하지만 이 사랑에서 중요한 것은 피치노가 원했던 것처럼 아름다운 자신과 닮은 것에 사로잡히는 것이 아닌 상승을 시작해 더 우월하고 지적인 아름다움으로 향해가는 겁니다. 이를 통해 어린 공주의 정신을 초월로 이끄는 것이죠.

더 알고 싶다면
플라톤, 《향연》
마르실리오 피치노, 《사랑에 관하여》

"나보고 악당 역할을 하라고?
그래 좋아, 그럼 그렇게 해주지."

엄마는 다 안단다, 죽음만 빼고

#라푼젤 #하이데거

르상티망, 슬픔의 정념, 반反플라톤적인 오만. 지금까지 우리가 찾아낸 가증스럽고 무시무시하면서도 흥미로운 디즈니의 악당들이 악의를 품은 이유들입니다. 이제 악당의 마지막 유형을 살펴보죠. 아주 늙었지만 얼굴은 전혀 늙지 않아서 나이를 가늠할 수 없는 마녀를 만나러 떠나봅시다. 그게 누구냐고요? 바로 〈라푼젤〉의 마더 고델입니다!

마더 고델이 품은 악의의 기원은 무엇일까요? 음, 그건 엄밀히 말해 그녀와 시간의 어긋난 관계입니다. 고델은 유한성을 거부하고 불멸을 원했거든요. 그런 이유라면 고개가 절로 끄덕여질 수 있겠는데요? 여러분도 이대로 시간을 멈추고 싶다고 생각한 적이 있지 않나요? 여러분의 젊음과 사랑하는 사람을 앗아가는 가혹한 시간의 흐름을 멈출 수 있다면요? 고델을 이해할수 있다고요? 그렇습니다, 영원히 젊게 살 수만 있다면 간이고쓸개고 다 내놓을 사람이 많을 겁니다.

하지만 여기 디즈니가 지켜보고 있습니다. 그리고 〈라푼젤〉은 우리에게 겉으로는 무해해 보이는 평범한 욕망이 삶을망치는 가장 확실한 방법이라는 사실을 알려줄 겁니다. 죽음은뛰어넘어야 하는 장애물이 아닐뿐더러 우리를 존재하게 해주고 우리가 충실하고 진실한 우리 자신으로 남을 수 있게 해주는 발판입니다. 놀랍지 않나요? 그러면 이 애니메이션이 그 어려운 일을 어떻게 해내는지 살펴보죠.

시간을 거꾸로 돌려 다시 돌아갈 수 있게

아주 옛날 옛적에 햇빛 한 줄기가 하늘에서 떨어졌습니다. 작은 햇살 한 줄기가 마법의 황금꽃을 피우게 했죠. 그 꽃에는 아픈 사람의 병을 치유하고 사람을 젊어지게 하는 힘이 있었습니다. 마법의 꽃을 찾은 마더 고델은 이 꽃을 감춰놓고 자신을 위해서만 사용하기로 합니다.

엄마는 다 안단다, 죽음만 빼고

노화와 죽음이 두려웠던 고델은 매일 꽃에게 젊음을 되돌려 달라고 요구했습니다. 큰 노력이 필요하지도 않았습니다. 그저 꽃 앞에 앉아 이렇게 노래하면 그만이었죠. "찬란한 빛으로 마법을 보여주렴. 시간을 거꾸로 돌려 다시 돌아갈 수 있게." 그러면 얼굴의 주름이 사라지고 피부가 탱탱해졌습니다.

오랜 시간이 흘렀지만 마더 고델만은 이 방법으로 세월을 비껴갈 수 있었습니다. 그러던 어느 날 인자하신 왕과 왕비가 계신 왕국에서 큰일이 벌어졌습니다. 왕비가 아기를 낳으려는 참에 그만 심각한 병에 걸려버린 것이죠. 이대로 가다간 왕비는 곧 죽을 운명이었습니다. 왕비가 너무도 걱정이 된 백성들은 마법의 황금꽃을 찾아 나섰습니다. 황금꽃에는 상처를 치료해주는 힘이 있다는 전설이 있었거든요. 고델에게는 안타까운 일이지만, 그들은 결국 꽃을 찾았고 마법의 황금꽃은 힘을 발휘했습니다. 병이 다 나은 왕비는 황금빛 머리카락을 가진 라푼젤을 낳았습니다.

영원한 젊음의 샘을 잃어버린 마더 고델은 어느 날 밤 몰래 성에 들어가 라푼젤의 머리카락에 깃든 마법의 힘을 이용하려고 했습니다. 하지만 아기의 머리카락을 자르자 마법은 사라져버렸습니다. 오직 생생한 머리카락만이 마법의 힘이 있었습니다. 그러니 마더 고델로서는 계속 젊게 살기 위해 아이를 납치하는 수밖에 없었죠. 그녀는 그렇게 아기를 훔쳐 깊은 밤 속으로 사라져 버립니다. 고델 입장에서 보면 새로운 마법의 꽃을 찾은 셈이었습니다.

온 왕국이 나서 공주를 찾고 또 찾았으나 결국 찾지 못했습니다. 고델이 어린 소녀를 아주 깊은 숲속에 있는 탑에 숨겼거든요. 고델은 자신이 엄마라며 라푼젤을 속이고 그녀를 키웠습니다. 그러나 사실 라푼젤은 마녀가 늙어가는 것을 거부하기 위해 이용하는 도구에 불과했죠.

끝낸다는 것은 우리에게 시작의 이유를 준다

그렇지만 죽음을 피할 수는 없습니다. 죽음은 언제나 마지막을 장식합니다. 죽음을 뛰어넘기 위해 마더 고델은 헛된 투쟁을 벌이는 것이죠. 투쟁의 유일한 성과라 봐야 자기 삶의 진정성을 잃는 것 뿐인데요. 그녀가 마르틴 하이데거의 《존재와 시간》을 읽었다면 이런 교훈 정도는 배웠을 겁니다.

하이데거에게 자신이 필멸의 존재임을 아는 것은 삶의 시작을 가능하게 해주는 조건입니다. 진정한 삶을 시작하기 위

엄마는 다 안단다, 죽음만 빼고

해서는 모든 것이 언젠가는 끝날 것이라는 사실을 인식하고 받아들여야 합니다.

마더 고델까지 갈 필요도 없이, 우리 중 대다수는 죽음에 대한 생각을 회피합니다. 설상가상으로 우리는 우리가 영원히 살기라도 할 것처럼 살아가죠! 물론 우리는 인간이 언젠가 죽는다는 것을 알고 있습니다. 사람은 모두 죽는다는 점을 알고 있죠. 하지만 정확히 말하면 다른 사람들이 죽는 것이라고 생각합니다. 그러니까 우리는 죽음의 생각에서, 아니 우리의 죽음에서 도망칩니다. 우리가 죽음에 대해 어떻게 말하는지 떠올려 봅시다. 우리는 이렇게 말합니다. "그분이 돌아가셨다" 또는 "그가 우리 곁을 떠났다" 아니면 "그는 하늘로 돌아갔다." 간단히 말해 우리는 죽음을 멀리 있는 것으로 생각하고 고개를 돌립니다. 그렇지만 반드시 죽음을 직시해야 합니다.

온전히 인간다운 삶을 살기 위해서는 죽음을 피하지 않는 태도와 죽음을 두려워하는 용기를 가져야 합니다. 그리고 이를 인정하려고 노력해야 합니다. 뛰어넘을 수 없는 것을 뛰어넘기를 바라지 말아야 합니다. 우리는 죽음을 장애물이나 끔찍한 사건이 아니라 일종의 수단으로 다루는 법을 배워야 합니다. 우리가 시간 속에 찰나적으로 존재한다는 것을 인정해야 하는

데 마더 고델은 그러지 못했습니다. 우리는 또한 죽음 때문에 불안해하는 것을 받아들여야 합니다. 이런 조건하에서만 우리는 실존의 충만함에 도달할 수 있습니다.

그렇게 했을 때 좋은 점이 있을까요? 이렇게까지 죽음을 받아들일 필요가 있을까요? 하이데거는 우리가 언제든 죽을 수 있다고 생각해야 우리가 매순간 진정으로 살아가게 된다고 가르칩니다. 죽음을 피하면 우리는 타인이 부과한 기준을 따르는 비본래적inauthentic 삶에 빠져들게 됩니다. 또한 우리는 자신의 법칙이 아닌 사회가 구성한 틀에 따라 삶을 구성하게 되죠. 반면에 죽음에 대한 사유는 우리를 삶의 주체로 되돌려놓습니다. 죽음을 인정하면 우리는 남은 소중한 삶을 최선을 다해 살려고 할 테니까요.

그러니까 우리의 삶이라는 계속되는 작품은 죽음을 구현하는 일이라는 점을 깨달아야 합니다. 사실 이는 이미 하이데거 이전에 몽테뉴가 가르쳤던 내용입니다. 그는 삶 이후에 죽음이 있다면, 삶이 이어지는 동안 우리는 죽어가고 있는 것이라고 설명했습니다. 즉 살아가는 것은 곧 죽어가는 것이란 말이죠. 우리는 계속 죽어가는 과정에 있습니다. 따라서 우리는 '나는 생각한다 고로 나는 존재한다'가 아니라 '나는 죽는다 고로

나는 존재한다'고 말해야 합니다. 죽음을 생각한다는 것, 즉 죽음으로의 선구anticipation는 죽을 수밖에 없는 존재라는 조건에서 벗어나는 것이 아닙니다. 죽음은 우리를 존재하게 해주고 우리가 우리 자신이 될 수 있도록 해주는 발판입니다.

하이데거가 말한 죽음으로의 선구는 반드시 '사망'의 관점에서 생각하며 우리를 위축시키는 것이 아닙니다. 죽음을 상상하고 이에 두려움을 갖자는 것도 아닙니다. 존재의 유한성을 마주하고 삶에 참여하는 것을 의미합니다. 유한성을 거부한다는 것은 비겁함의 증거일 뿐만이 아니라 무엇보다 삶을 살아가지 않는 가장 확실한 방법입니다.

영원히 젊게 살 수만 있다면 돈이 대수인가?

돌 같은 심장을 가진 마더 고델은 자신의 죽음을 받아들일 수 없었고, 살아간다고도 할 수 없는 삶을 이어가면서 바로 이런 죽음으로의 선구를 이해하지 못했습니다. 그녀는 죽음을 피하기 위해 모든 일을 했습니다. 그 목적을 이루기 위해 그녀는 어떤 것 앞에서도 물러서지 않고, 아이의 사랑, 나눔의 기쁨, 새로운 세상의 발견처럼 삶에 의미를 부여할 수 있는 모든 것을 삶에서 배제했습니다.

라푼젤이 마르지 않는 젊음의 샘이 되는 걸 거부하자, 마더 고델은 이렇게 말하며 자신의 본 모습을 드러냅니다. "나보고 악당 역할을 하라고? 그래, 좋아. 그럼 그렇게 해주지!" 생각해보면 그녀는 원래 악당이었습니다! 부모의 사랑을 받던 아기를 납치하지 않았던가요? 마법의 꽃이 가진 힘을 독차지하지 않았던가요? 마키아벨리적인 계략으로 라푼젤을 막 연애를 시작한 연인과 떼어놓지 않았던가요? 라푼젤의 힘을 잃어버리면서 죽을 위기에 처하자, 고델은 한 단계 더 악으로 다가가 라푼젤의 눈앞에서 연인 플린 라이더에게 비수를 꽂아버립니다.

사랑하는 사람이 고통받는 것을 본 라푼젤은 라이더를 치료하도록 허락해준다면 고델을 따라가겠다고 말합니다. 라푼젤은 타인을 위해 자신의 자유를 희생할 각오가 되어 있었죠. 라이더는 그녀의 희생을 거부하고 단칼에 라푼젤의 황금빛 머리칼을 잘라내 그녀의 힘을 사라지게 합니다. 그렇게 그는 라푼젤을 마더 고델로부터 해방시키지만, 정작 자신은 죽음으로 내몰립니다. 라이더는 라푼젤에 대한 사랑으로 자신의 삶을 희생했습니다. 다행스럽게도 라푼젤은 그녀의 눈물에 남아 있던 약간의 마법으로 그를 되살릴 수 있었습니다.

라푼젤의 힘이 사라지자 마더 고텔은 괴성을 지르면서 마법의 힘으로 잠시 멈춰 두었던 세월을 온몸으로 맞이합니다. 자신의 삶을 보존하기 위해 타인의 삶을 희생한 그녀는 결국 실패합니다. 누구도 죽음을 피할 수는 없습니다. 하지만 사는 것도 죽는 것도 아닌 방식으로 살아가는 것은 쉽습니다.

라푼젤은 우리에게 헛되고 위험한 희망으로 길을 잃지 않아야 한다고 경고합니다. 우리의 삶을, 그 안에 있는 위험을 감수하더라도 확실한 끝맺음이 있는 삶을 사랑해야 한다고 말이죠. 그래야만 우리는 인생이라는 기나긴 여정을 더 잘 누릴 수 있을 겁니다.

더 알고 싶다면
미셸 드 몽테뉴, 《수상록》
마르틴 하이데거, 《존재와 시간》

3장.
실재와
허구

"오른쪽에서
두 번째 별을
돌아서,
아침까지 쭉!"

"그는 백마 탄 왕자님이 아니야."

진짜 괴물은
바로 당신이야!

#미녀와 야수 #라블레 #플라톤

아주 먼 옛날, 어떤 나라에 젊은 왕자가 살고 있었습니다. 그는 원하는 건 뭐든지 할 수 있었기 때문에 이기적이고 버릇이 없는 데다가 인정도 없었죠. 그러던 어느 겨울밤, 누추한 차림의 노파가 찾아와 장미 한 송이를 건네며 추위를 피할 잠자리를 청했습니다. 노파의 추한 모습을 본 왕자는 선물을 비웃고 그 부탁을 거절했습니다.

그는 노파를 쫓아내지 말았어야 합니다. 우선 사람이라면 인정이 있어야 하기도 하지만, 겉모습만 보고 판단해서는 안 되기 때문이죠. 진실한 아름다움은 사람의 마음속에 있지 않나요? 사실 노파는 아름다운 요정이었습니다. 왕자의 마음에 사랑이 없다는 것을 알게 된 요정은 부탁을 거절한 벌로 왕자를 야수로 변하게 하고 그가 살던 성과 성에 사는 모든 것에 마법을 걸었습니다. 이 저주를 깨려면 한 가지 방법뿐이었습니다. 왕자가 누군가를 진정으로 사랑하고 왕자도 누군가에게 진정한 사랑을 받아야 했죠. 다만 여기에도 조건이 있었으니, 요정이 선물한 장미에서 마지막 꽃잎이 떨어지기 전까지 진정한 사랑을 깨달아야 했습니다. 그렇지 못하면 그는 영원히 야수의 모습으로 지낼 수밖에 없었습니다. 그 후로 오랜 세월이 흘렀고 그는 모든 희망을 잃어버렸습니다. 누가 그 흉측한 야수를 사랑할 수 있을까요?

누구라도 선뜻 나서긴 어려울 겁니다. 아무리 야수의 성품이 훌륭하더라도 말이죠. 우리는 외면의 아름다움에 쉽게 현혹되니까요. '겉모습에 어떤 가치를 부여해야 하는가'하는 질문 너머에는 '겉모습을 얼마나 신뢰할 수 있는가'라는 좀 더 일반적인 질문이 숨겨져 있습니다. 겉모습은 사물들의 실재에 접근할 수 있도록 해줄까요, 아니면 본질을 은폐하고 왜곡시키는 그림자에 불과할까요? 또 겉모습이 실재 그 자체가 아닌 그림자에 불과하다면, 어떤 삶을 살아가야 할까요? 감각적인 쾌락으로 이루어진 삶을 추구해야 할까요, 아니면 실재 그 자체를

진짜 괴물은 바로 당신이야!

찾으며 정신적인 즐거움에 집중해야 할까요?

추한 외양을 보고 혐오감을 느끼며…

마을 사람 누구나 인정하는 미인이자 발명가의 딸인 벨은 마음의 즐거움을 선택한 것 같습니다. 그녀는 아침이면 새로 읽을 책을 찾아 친구인 서점 주인을 찾아가곤 했습니다. 그녀가 살고 있는 마을은 평화로웠고 마을 주민들은 아침부터 시덥잖은 수다를 떨어댔습니다. 벨은 허영심이 있지는 않았지만 마을 사람과 지금의 삶이 아쉬웠습니다. 그녀에게 이 마을은 언제나 지루함으로 가득했고, 다른 삶을 원했습니다.

마을 사람들은 벨이 무슨 말을 하는지 전혀 이해하지 못했습니다. 그녀는 항상 꿈속에 사는 것 같고, 항상 혼자 다니며 무슨 생각을 하는지 알 수 없었죠. 벨은 항상 책 속에 빠져있었으니까요. 그런데 마을에서도 소문난 미남 개스통이 이 '매력적인 소녀'에게 눈독을 들였습니다. 마을의 다른 여자들은 개스통만 보면 마음이 콩닥거려 기절하지 않도록 노력할 지경이지만, 벨은 그런 개스통을 봐도 전혀 그런 마음이 들지 않아 그의 구애를 단번에 거절했죠.

설상가상으로 이후 벨은 '백마 탄 왕자님'하고는 거리가 먼 야수에게 조금씩 끌리게 됩니다. 아버지 대신 야수의 죄수가 되겠다고 자청한 그녀는 야수의 추한 겉모습 뒤에 숨겨진 마음을 알아 가게 됩니다. 야수의 첫인상은 망나니 같았지만, 그녀는 점점 야수의 시선에서 말로 표현하긴 어렵지만 다정하면서도 부드러운 일종의 기대를 발견합니다. 이렇게 벨은 조금씩 야수에게 빠져들게 됩니다.

소크라테스, 아름다움을 관조하는 순간이야말로 삶의 가치가 있는 때입니다

플라톤은 《향연》에서 아주 대비되는 외모를 가진 두 인물을 제시합니다. 누가 봐도 훈훈한 알키비아데스와 누가 봐도 끔찍하게 못생긴 것으로 유명한 소크라테스였죠. 소크라테스의 겉모습이 추하기는 하지만 그의 영혼은 그 누구보다 아름답습니다.

그런 점에서 소크라테스는 실레노스 조각상과 닮았습니다. 실레노스 조각상은 보기만 해도 웃음이 절로 나오는 기괴한 신상이지만, 그 안에는 향료와 용연향 같은 진귀한 보물이 숨겨

진짜 괴물은 바로 당신이야!

져 있죠. 소크라테스가 실레노스와 닮았다는 것은 그가 겉으로 흉측한 몰골이었기 때문입니다. 눈, 코, 입, 얼굴 전체가 괴물 같았거든요.

그러나 이런 소크라테스의 내면에 있는 영혼을 관찰하면, 프랑수아 라블레가 《가르강튀아》 서문에 적은 "감히 가치를 매길 수 없는 보물"을 찾을 수 있습니다. 라블레의 설명에 따르면 소크라테스는 초인적인 지성, 놀라운 힘, 꺾이지 않는 용기, 누구보다 빼어난 절제력, 흔들리지 않는 의연함, 완벽한 자신감, 그리고 인간을 뒤흔드는 모든 것에 월등한 초연함을 가졌습니다. 우리는 분명 알 수 있습니다. 분명 소크라테스가 야수거나, 야수가 소크라테스입니다. 야수가 된 젊은 왕자는 벨에게 사로잡힌 후 그의 영혼이 고귀해졌음을 깨닫습니다. 야수는 겉으로는 추하지만 속은 아름답다는 점에서 소크라테스와 비슷합니다.

알키비아데스는 개스통처럼 잘생기고 매력적인, 아테네의 귀염둥이였습니다. 소크라테스의 애제자기도 했고요. 그는 모든 여인의 시선을 한눈에 받았는데, 그 이유는 여러분도 쉽게 짐작할 수 있을 겁니다.

하지만 《향연》에서 플라톤은 알키비아데스가 소크라테스

에게 사랑을 고백하고 차이는 장면을 연출합니다! 플라톤에 따르면 잘생긴 그가 자신을 거절하는 못생긴 이에게 매달리는 꼴이죠! 하지만 그것은 진정한 아름다움이 바로 영혼의 아름다움이기 때문입니다. 그래서 소크라테스는 알키비아데스의 제안이 자신에게 손해라고 생각하고 거절합니다.

알키비아데스는 소크라테스에게 그들의 결합은 두 사람 모두에게 이득이라고 설명합니다. 알키비아데스는 육체의 아름다움을 소크라테스와 나누어 소크라테스가 자신의 육체를 즐기게 해주고, 소크라테스는 영혼의 아름다움을 자신과 나누는 '윈-윈' 전략을 제시합니다.

이런 제안에 소크라테스는 장난스럽게 거절합니다. 어디서 감히 사기를 치려고! 그 제안은 황금을 청동과 바꾸자는 것과 마찬가지였으니까요. 알키비아데스의 육체적 아름다움은 상대적이고 무엇보다도 덧없는 것이었습니다. 그것은 흔하디흔한 청동에 불과했습니다. 반면 소크라테스 자신이 지닌 영혼의 아름다움은 훨씬 진귀하며 변하지 않는 황금과 같았죠.

소크라테스의 내적인 아름다움이 알키비아데스의 외적인 아름다움보다 선호되어야 한다면, 그것은 플라톤이 사물의 그림자에 불과한 외양을 신뢰할 수 없다고 보기 때문입니다. 그에 따르면 물질적 아름다움은 유일하게 의미가 있는 예지적 아름다움의 그림자일 뿐입니다.

플라톤에 따르면 감각을 통해서 지각할 수 있는 모든 것인 감각계sensible world와 감각으로는 지각할 수 없지만 모순적이게도 우리의 눈에 비친 것보다 더 실재적인 예지계intelligible world가 있습니다. 두 세계는 서로 대비됩니다. 전자의 물질적 아름다움은 후자의 영혼의 아름다움보다 실재성이 떨어집니다. 물질적인 아름다움은 부패할 수 있고 찰나적이며 주관적이지만, 영혼의 아름다움 그 자체는 영원하고 보편적입니다. 그러니 후자를 선호하는 것이 합리적입니다. 지나치는 순간의 사건보다는 영원한 역사를 우선시해야 합니다.

나는 지금 삶과 다른 삶을 살고 싶어!

감각의 삶은 삶의 그림자 또는 그림자에 내어준 삶에 불과합니다. 겉모습은 사물의 실재 자체를 파악할 수 없게 하죠. 그것은 확실히 사물의 본질을 가리는 왜곡된 그림자입니다. 그렇기 때문에 시선을 돌리는 법을 배워야 합니다. 야수 혹은 왕자에게 가르침을 준 노파는 사실 《향연》에 등장하는 현인 디오

티마와 같습니다. 그녀는 소크라테스에게 진정한 실재를 인지하고 온전히 인간적으로 살기를 원하는 이들에게 필요한 상승의 변증법을 설명해주었다고 합니다. 그러므로 요정이 왕자에게 준 수년에 걸쳐서 천천히 꽃잎을 떨구는 마법의 장미는 아주 상징적인 요소입니다. 실제로 '진리'의 그리스어인 '알레테이아aletheia'에는, '드러냄'이란 뜻이 있습니다. 즉 진리는 겉모습 너머에 있는 걸 봐야 한다는 뜻입니다. 예지계에 도달하기 위해서 감각계라는 베일을 걷어내야 합니다. 장미 꽃잎을 하나하나 떨어트리는 것처럼 말이죠.

디오티마는 한 단계씩 차근차근 감각적 아름다움을 멀리하고 예지적 아름다움에 눈을 돌리는 법을 가르쳐줍니다. 처음에는 육체의 아름다움에 대한 경외에서 시작해서, 여러 육체의 아름다움을 지각한 뒤, 행위와 법칙의 아름다움을 인식한 다음, 학문에 대해서 관조하게 됩니다. 이제 우리는 아름다움 자체를 관조할 준비가 되었습니다. 〈미녀와 야수〉는 플라톤처럼 감각계에서 예지계로 나아가는 변증법을 설파합니다.

"나는 지금 삶과 다른 삶을 살고 싶어!"라고 외치는 벨은 플라톤주의적인 현명함을 깨우친 듯합니다. 그녀는 감각계의 헛됨에 만족하지 못합니다. 벨의 눈은 단순한 육체의 눈이 아

진짜 괴물은 바로 당신이야!

닌 정신의 눈입니다. 그녀는 겉모습 너머에 있는 것을 보기 때문입니다.

더 알고 싶다면
프랑수아 라블레, 《가르강튀아》
플라톤, 《향연》

"오른쪽에서 두 번째 별을 돌아서 아침까지 쭉!"

어디서 저 배를
본 것 같은데, 꿈인가?

#피터 팬 #플라톤 #데카르트

모든 일은 한적한 주택가 블룸즈버리에 있는 달링 씨의 집에서 시작됐습니다. 달링 부부는 파티에 참석하기 위해 분주하고 아이들은 여전히 방에서 놀고 있었죠. 피터 팬의 존재를 믿는 존과 마이클은 하루 종일 피터 팬 놀이를 하고 놀았습니다. 맏딸인 웬디는 피터 팬과 그의 경이로운 모험에 관해 모르는 것이 없을 정도로 빠삭했습니다. 매일 밤 웬디는 눈을 반짝거리는 동생들에게 피터 팬의 이야기를 해주었습니다.

예상하셨다시피 달링 부부는 피터 팬이라는 존재에 관해 훨씬 신중했습니다. 달링 부인에게 피터 팬은 그저 철부지 같은 동심에 불과했습니다. 현실적인 달링 씨는 웬디가 동생들에게 그런 바보 같은 얘기를 그만해야 한다고 생각했죠. 그 나이에 아직도 피터 팬의 모험이라니, 말도 안 되는 소리! 더 심각한 건 그가 보기에 이 얘기들이 너무도 터무니없다는 사실입니다. '어떻게 그걸 진짜로 믿을 수 있지?' 그래서 그는 집을 나서기 전 중대한 엄명을 내립니다. 이제 웬디는 자기만의 방을 가질 것이고, 오늘이 그녀가 남동생들과 함께 자는 마지막 밤이 될 것이라고요. 이제 환상에서 현실로 나올 때가 됐으니 말이죠! 지금까지 아이들은 반려견 나나와 같은 방에서 잤지만, 아무리 사랑스럽다 해도 개는 집 밖의 개집에 있어야 합니다. 마이클이 울어젖혀도 결정을 바꿀 수는 없었습니다.

웬디는 엄마에게 창문을 연 채로 두어달라고 부탁합니다. 나나가 피터 팬의 그림자를 찾았는데, 웬디는 피터 팬이 그림자를 찾으러 올지 모른다고 생각해 그것을 보관해두었습니다. 어쩌면 오늘 밤 피터 팬이 올지도 모르죠…. 그렇다면 그가 들어올 수 있어야 하니…. 안심한 웬디는 그렇게 잠이 듭니다.

네버랜드, 꿈의 섬으로!

"웬디가 그림자를 돌려줘야 한대요." 집을 떠나며 달링 부

114   **어디서 저 배를 본 것 같은데, 꿈인가?**

인은 남편에게 걱정거리를 토로합니다. 그림자? 달링 씨는 비아냥댑니다. "피터 팬의 그림자 말이에요!" 세상에, 피터 팬이라니! 피터 팬이 거리를 떠돌면 위험하지 않을까? 당장 경찰을 불러야겠군! 부인의 이야기는 진짜로 그의 화를 돋궜습니다. 당신이 그러니 아이들이 어른스럽지 못하지! 웬디는 어머니를 닮아서 엉뚱한 상상력을 가진 모양입니다. 그러나 부모님이 떠나자마자 피터 팬이 팅커벨과 함께 그림자를 찾아 방으로 들어오죠.

이게 꿈일까요, 생시일까요? 웬디가 꿈을 꾸는 것일까요, 아니면 이 순간부터 아이들이 겪는 모험은 진짜로 현실일까요? 웬디와 두 형제는 피터 팬과 함께 네버랜드까지 날아갑니다. 거기서 인어와 인디언을 만나고, 웬디는 피터 팬과 함께 후크 선장이 납치한 타이거 릴리를 구해냅니다. 존과 마이클 역시 인디언에게 쳐들어갔다가, 오해를 풀고 모두 함께 인디언의 예식에 참여합니다. 피터 팬은 명예 추장으로 추앙되어 '작은 독수리'라는 이름까지 받게 되죠. 그러고 나서 달링 가 아이들이 후크 선장에게 납치되는데, 곧 피터 팬이 그들을 구해내고 후크 선장은 또다시 패합니다. 이 모든 모험이 끝난 뒤 피터 팬은 후크 선장의 배를 타고 아이들을 런던으로 데려다줍니다.

꿈과 현실을 구별할 수 있을까?

이 모험들이 그저 웬디의 꿈에 불과한지 실제로 일어난 일인지는 어떻게 알 수 있을까요? 웬디의 아버지는 이 점에 확신을 갖고 있습니다. 이 모든 모험은 그저 허구에 불과하며, 우리는 모두 직관적으로 그의 생각에 동의합니다. 그런데 진짜로 우리가 꿈과 현실을 구별할 수 있을까요?

플라톤은 《테아이테토스》에서 우리가 잠을 자면서 보내는 시간은 우리가 깨어있는 시간과 같다고 말했습니다. 그런데 두 기간 동안 우리의 정신은 각각의 순간이 어떤 때보다도 명백한 '현실'이라고 생각합니다. 우리는 깨어 있을 때는 이러저러한 것을 긍정하고 받아들이지만, 자고 있을 때는 전혀 다른 것을 긍정합니다. 그리고 두 판단은 동일한 강도로 이루어집니다. 그렇다면 꿈과 현실을 어떻게 구별할 수 있을까요?

데카르트 역시 《성찰》에서 똑같은 회의론을 다룹니다. 꿈과 현실을 어떻게 구분할지는 우리의 감각을 어떻게 믿을 수 있는가 하는 문제로 귀결됩니다. 여러분이 구름 속을 나는 배를 본다면 그것이 참이라고 확실할 수 있을까요? 이 질문에 데카르트는 사람이 보고 만지고 맛을 보고 냄새를 맡은 것들이 진실과 거짓의 기준이 될 수 없다고 대답합니다. 감각이 착각하는 경우도 있기 때문이죠. 가령 물속에 집어넣은 막대기는 부러진 것처럼 보입니다. 사실은 그렇지 않지만요. 이처럼 우리 감각은 가끔 우리를 속이기도 합니다. 그렇다면 지금 이 순간 우리가 보는 것이 감각의 착각이 아니라는 것은 무엇이 어떻게 보증할 수 있을까요? 그런 일이 가끔이지만 일어날 수 있으니, 지금 이 순간도 감각의 착각이라고 상상해볼 수 있습니다.

사실은 그보다 더 심각합니다. 우리가 지금 꿈을 꾸고 있지 않다고 무엇이 보증할 수 있을까요? 데카르트는 우리가 잠들었을 때 마치 미친 사람처럼 이상한 것을 표상한다는 점을 지적합니다. 뇌가 탁해져서 혼란에 빠진 미친 사람은 아주 가난하면서도 자신이 왕이며, 벌거벗고 있으면서도 비단옷을 입고 있다고 우겨댑니다. 마찬가지로 우리가 침대에서 알몸으로 잘 때도 옷을 입고 불을 보며 멍때리는 꿈을 꾼 적이 있지 않나요? 데카르트는 그렇다고 답합니다. 우리는 꿈을 현실로 받아들였습니다. 그렇다면 반대의 착각도 가능하지 않을까요? 꿈이라면 지금 우리가 지각하는 것처럼 명료하고 판명하지 않을 것이라는 이유로 지금 지각하는 것이 현실이라고 확신한다면, 꿈속에서는 어땠는지 다시 한번 생각해보세요. 꿈에서도 그런 비슷한 착각에 속았던 적은 없는지 말입니다.

데카르트는 꿈과 현실을 명백하게 구별해줄 정확한 증거나 확실한 징표가 존재하지 않는다고 결론 내립니다. 이런 결론은 그를 혼란스럽게 합니다. 심지어 데카르트는 자신이 글을 쓰는 동안에도 사실은 자고 있을지 모른다고 생각하죠. 그의 생각에 따르면 실재와 꿈의 경계는 결정할 수 없습니다. 웬디는 꿈을 꾼 것일까요? 진짜로 네버랜드에 갔을까요?

즐거운 일을 생각해봐, 무엇이든 괜찮아!

시계가 열한 시를 알리자 달링 부부가 돌아옵니다. 그런데 웬디가 침대에 없습니다. 그녀는 정말로 떠난 걸까요? 의심은 곧바로 풀렸습니다. 그녀는 창문에 기댄 채 잠들어 있었거든요. 웬디는 그저 꿈을 꾼 걸까요? 어떻게 알 수 있을까요?

그녀는 잠에서 깬 후 어머니에게 그녀와 동생들이 아주 멋진 모험을 했다고 말합니다! 그녀는 요정 팅커벨과 인어들과 피터 팬을 보았고, 그중에서도 피터 팬이 가장 멋졌다면서 모험담을 늘어놓습니다. 그녀는 납치되었을 때 피터 팬이 구하러 올 것이라 확신했고, 그는 실제로 그들을 구하러 왔습니다. 그리고 모두 함께 후크 선장에게 욕을 퍼부어줬습니다! 그런 다음 그들은 날아다니는 배를 타고 네버랜드를 항해했습니다. 하지만 그녀와 동생들은 집으로 돌아왔습니다. 고아들은 영원히 아이로 남겠다며 네버랜드에 머물렀다고 하죠.

웬디가 망상에 빠진 것일까요, 아니면 실제로 있던 일을 이야기하는 것일까요? 그녀는 창문에 가까이 가더니 피터 팬의 배가 정말로 멋지다고 덧붙입니다. 달링 부인은 자신의 눈을 믿을 수 없었습니다. 웬디가 말한 배가 정말로 구름 사이에서 날아가는 것처럼 보였거든요. 심지어 현실주의자인 아버지의 눈에도 그 배가 보였습니다. 배 모양의 구름을 본 건지, 진짜로 구름 사이에 배가 있던 건지는 알 수 없지만요.

꿈과 현실의 기준이 마땅찮기에 디즈니는 입장을 이렇게 정리한 것 같습니다. 삶에 마법을 걸고 실재와 허구 사이의 경계를 짓는 일이 불가능함을 인정하는 것이죠. 디즈니 애니메이션은 꿈과 현실을 구분하지 못함을 안타까워하기보다는 거기서 행복해지는 방법을 찾습니다. 무엇이든 즐거운 일을 생각하는 것, 그것이 디즈니가 생각한 행복의 비결이 아닐까요?

더 알고 싶다면
플라톤, 《테아이테토스》
르네 데카르트, 《성찰》

"신화가 이야기하는 것을 믿어야 한다."

12 잃어버린 신화를 찾아서

#아틀란티스 #플라톤

　　내 이름은 프레스턴 휘트모어, 자네 할아버지인 태디어스 싸치의 오랜 친구였지. 조지타운 대학 동창으로 아주 친한 사이였어. 수년간 자네 할아버지는 그 낡은 책, 목동 일지인지 뭔지를 귀에서 피가 날 정도로 얘기했지. 그걸 해독할 수 있다면 사라진 아틀란티스 대륙을 찾을 열쇠를 얻게 될 거라나.

　　난 들은 척도 안 했지. 일지 타령이 지긋지긋해서 내기를 했네. 그 일지를 찾는다면 탐험 경비를 모두 대준다고 말일세. 그런데 그가 일지를 찾아버렸어! 자네 할아버진 훌륭한 분이셨어. 정말 대단한 분이셨지. 그런데 자네 할아버지가 일하던 박물관의 그 무식하고 약아빠진 놈들이 자네 할아버지를 웃음거리로 만들어버렸네. 그 친구는 모두의 비웃음을 샀지. 다들 그가 미쳤다고 생각하고, 아무도 그를 믿지 않았네. 정말 가엾게 죽어갔지. 내가 그 책을 물려받았네.

난 한 번 약속한 건 꼭 지키는 사람일세. 자네 할아버지가 꿈에 나타나 양심 운운할 일은 없을걸세. 난 그저 아틀란티스가 있다는 증거를 하나라도 찾았으면 하네. 탐험대는 이미 준비해 두었네. 지질학자, 폭파 전문가, 천재 엔지니어, 각 분야의 최고로만 뽑아놨지. 이제 딱 하나 필요한 건 지렁이 같은 고대어를 읽을 수 있는 사람이야, 책이 이상한 언어로 쓰어 있으니 말이네. 마일로 싸치, 그 고대어를 읽을 수 있는 건 자네뿐이네.

자, 이제 선택하게. 미래를 걸고 할아버지가 그려놓은 그림을 완성하든지, 보일러공으로 돌아가 자네가 볼 수 있는 것만을 믿고 이전처럼 소심한 삶을 이어가든지. 아틀란티스가 자넬 기다리고 있네. 그럼 이제 어떻게 할 텐가?

마일로, 이상한 이야기 때문에 인생을 망치지 말게

왜 휘트모어는 아틀란티스로 가는 탐험대에 거금을 들여 지원하는 걸까요? 여러분은 이렇게 물을지도 모르겠습니다.

'아틀란티스라니, 그저 신화에 불과하지 않나?' 〈아틀란티스〉에서는 이 질문을 두고 두 입장이 충돌합니다.

먼저 박물관에 있는 과학자들의 의견을 들어보죠. 그들에게 아틀란티스를 믿는 사람은 미치광이입니다. 박물관은 사실에 입각한 과학 탐험만을 지원할 수 있고 또 그래야만 합니다. 전설이나 옛날이야기를 곧이곧대로 믿을 수는 없죠! 또 늙은 미치광이 프레스턴 휘트모어의 탐험대 참가 여부에 대해서는 마일로에게 가능성이 있으니 그런 이상한 이야기 때문에 인생을 망쳐서는 안 된다고 말할 겁니다.

과학자들과는 달리 고대의 전설을 믿기로 한 이들의 의견도 들어봅시다. 태디어스 싸치와 그의 오랜 친구 프레스턴 휘트모어에게 아틀란티스는 결코 허구가 아닙니다. 고대 육지에 존재했던 대륙 아틀란티스는 감히 상상도 못 할 정도로 발전된 문명과 과학 기술이 있었지만, 갑작스런 대홍수로 하루아침에 바다 속에 가라앉았다고 전해집니다. 아틀란티스의 주민들은 전기와 고도의 의학, 심지어 비행기까지 가졌었다고 하죠. 무엇보다 그들은 신비하고 강력한 에너지원을 가지고 있었답니다.

휘트모어가 갖고 있던 목동 일지는 아틀란티스의 초기 역사와 그곳의 위치를 알려줄 열쇠였습니다.

이것은 지어낸 이야기가 아니다!

이 애니메이션의 기원은 플라톤의 《티마이오스》와 《크리티아스》입니다. 그는 두 저서에서 처음으로 아틀란티스 대륙을 언급합니다. 그는 이를 묘사하면서 독자들에게 이렇게 경고합니다. "이것은 지어낸 이야기가 아니다!"

그가 전하는 이야기가 구술로 전승된 것임을 인정하면서도, 그는 이 이야기가 완전히 참이라고 덧붙입니다. 아틀란티스 이야기는 이집트 시대의 텍스트에 근거하고, 그 텍스트를 본 솔론이 크리티아스에게 구술로 전했는데, 크리티아스가 자신의 손자인 또 다른 크리티아스에게 말해 주었고, 그는 그것을 또 티마이오스에게 전달했다고 합니다. 플라톤과 솔론은 같은 가문이니, 가문 대대로 전해져 내려온 충실한 증언이라는 거죠.

신화의 초반부에는 신 포세이돈과 젊은 인간 클레이토의 사랑이 등장합니다. 고아였던 클레이토는 거대한 섬의 중심에 있는 언덕에 살았습니다. 포세이돈은 이 섬을 넓은 땅과 바다로 겹겹이 둘러쌓아 요새로 만들었고, 섬의 중심부는 인간이 접근할 수 없게 했습니다. 거기서 클레이토와 포세이돈은 다섯 쌍의 남자 쌍둥이를 낳았습니다. 이 중 장남의 이름인 아틀라스에서 아틀란티스라는 명칭이 나온 것이죠. 플라톤은 아틀란티스의 풍요는 놀라울 지경이었다고 말합니다. 자연은 아틀란티스에 풍성한 농작물부터 황금까지 그 모든 것을 아낌없이 주었습니다. 그 이름도 유명한 아틀란티스는 그런 곳이었고, 이 이야기는 꾸며낸 것이 아닙니다! 그렇기는 하지만….

아무리 플라톤이 아틀란티스의 전설이 꾸며낸 이야기가 아니라고 해도, 이 이야기의 본질이 무엇인가에 대한 질문을 피할 수 없습니다. 플라톤의 신화들은 결코 진실과 허구, 사실과 거짓 사이의 양자택일로 환원되지 않습니다. 플라톤에게 신화란 그럴듯한eikos 이야기, 즉 완전히 거짓도 아니고 완전히 진실도 아닌 이야기입니다. 신화는 불확실성의 영역에 있고 사실적 진리의 체계에 속하지 않으면서도 계속 의미가 있습니다. 신화는 참과 거짓으로 판단할 수 없는 독특한 수단으로, 사실이 아닌데도 개연성과 의미를 담보한 이야기를 만들어냅니다.

아틀란티스는 결코 허구가 아니다

학계에서는 오늘날까지 실제 아틀란티스의 존재에 대해 활발한 논쟁을 벌이고 있습니다. 트로이의 유적은 1870년에 하인리히 슐리만에 의해 발견되었지만 아틀란티스는 아직 결론이 나오지 않았습니다. 그러나 아틀란티스의 존재를 믿는 사람들은 여전히 많고, 그들은 아틀란티스의 웅장한 도시를 찾고 있습니다. 2015년 잠수부들은 시칠리아섬 연안에서 아틀란티스의 것으로 보이는 귀금속과 오리할콘괴를 발견했습니다. 2016년 과학적 근거를 바탕으로 이탈리아의 사르데냐섬이 아틀란티스의 일부였다는 가설이 나왔고, 또 다른 탐험가들은 북해에서 아틀란티스의 흔적을 발견할 수 있을 것이라고 생각했죠. 쉽게 말해 매해 새로운 발견이 신화를 다시 불러오고 있습니다.

한 가지는 확실합니다. 디즈니의 영화에서 나온 목동 일지는 사실 《티마이오스》 혹은 《크리티아스》였을 겁니다! 여러분은 이 책들을 얼마나 믿으시나요? 아틀란티스 같은 옛날이야기와 신화들이 꾸며낸 이야기에 불과하고 미친 사람들이나 그런 걸 믿는다고 생각하는 쪽인가요, 아니면 그럴싸한 이야기라고 생각하고 완전한 현실도 비현실도 아닌 마법 같은 세상을 꿈꾸는 쪽인가요? 보다시피 이 애니메이션은 디즈니 그 자체의 우화입니다. 디즈니의 마법은 신화를 실재로 만들어줍니다…. 물론 허구의 스크린 속에서 말이죠! 하지만 결국 모든 디즈니 작품이 스크린에 옮겨 놓은 신화와 전설을 보고, 그 작품에 어느 정도의 진실성을 부여할 것인지는 관객인 우리에게 달려있습니다. 〈아틀란티스〉는 우리에게 겉보기에 꿈에 불과한 것도 사실처럼 믿을 수 있는, 그런 흔치 않은 기회를 선사합니다.

플라톤은 위대한 신화의 제작자였고, 그 신화 중 하나에서 당시에는 존재하지 않았던 예술 매체를 예견했습니다. 플라톤의 그 유명한 '동굴의 우화'를 곰곰이 따져 보면 영화관과 굉장히 유사한 장소를 설명하는 것 같지 않나요? 디즈니의 애니메이션이 우리가 플라톤의 신화에 부여하는 것과 본성에서 의해서 같은 미덕을 갖추고 있다면, 즉 재미있게 즐기면서 진리를 가르치고 있다면 어떨까요? 그렇다면 허구라고 해도 완전히 진리와 거리가 멀지는 않을 겁니다.

더 알고 싶다면
플라톤, 《티마이오스》·《크리티아스》·《국가》

4장.
자연, 생명체, 인간

"바람의
빛깔이 뭔지
아나요?"

"당신과 다른 모습이라고 무시하려 하지 말아요."

자, 이제 누가
야만인이지?

#포카혼타스 #몽테뉴

1607년, 오늘은 버지니아회사의 배를 타고 멋진 신세계를 정복하러 가는 날입니다. 버지니아를 향해! 듣자 하니 그곳에는 보석이 굴러다니고 강물이 은으로 넘쳐흐른다는데요. 그런 보물을 모두 챙길 수 있다고 생각하니 벌써부터 어질어질하군요! 베테랑 모험가 존 스미스 선장도 우리와 함께할 겁니다.

태풍이 불고 비바람이 몰아치자 배의 갑판에서 랫클리프 총독이 신세계에서 우리를 기다리고 있는 자유와 풍요를 상기시키며 용기를 북돋고 있습니다. 맞습니다, 일생일대의 모험이 기다리고 있죠! 어마어마한 보물과 상상만 해도 피가 끓는 황금이라니! 코르테스의 금과 피사로의 은을 모두 합해도 우리가 신대륙에서 하루 동안 캐낼 것보다 적을 겁니다! 삽과 곡괭이로 돌을 깨고 광산에 잠들어 있는 황금을 모조리 깨웁시다. 총독은 우리에게 이렇게 말합니다. "비바람도, 폭풍우도, 피에 굶주리는 인디언들도 결코 우리를 막지 못할 것이다!" 인디언이라고요? 네, 인디언이 맞습니다. 버지니아에는 인디언들이 곧 터전을 점령당해 노예가 될 운명도 모르고 살고 있거든요.

그들은 그곳에서 북소리에 맞춰 언제나 변함없이 살고 있습니다. 여름이 가고 겨울이 오면 먹을 양식을 거둡니다. 맑고 깊은 강물에는 물고기들이 뛰놀고, 그들은 흘린 땀만큼 자연이 돌려준다는 사실을 명심하며 살고 있죠.

이렇게 인디언들이 살고 있는 땅을 빼앗기 위해, 랫클리프는 이 배의 승무원인 우리에게 그들을 죽이라고 명령합니다. 또한 그는 존 스미스에게 이른바 '원주민' 또는 '미개한 것'들이 우리의 일을 방해하지 못하도록 책임지고 막으라는 임무를 맡기죠. 그렇게만 되면 랫클리프는 엄청난 황금을 싣고 영국으로 돌아가 영원한 영광을 얻을 수 있습니다.

한편 버지니아에서는 대추장의 딸인 포카혼타스가 저 먼 곳에서 이상하게 생긴 구름이 떠다니는 걸 봤습니다. 영국인들의 배가 육지에 정착했다는 뜻이었죠.

과연 이 만남에서 어떤 결과가 나올까요? 우리는 랫클리프가 시킨 대로 포카혼타스와 그녀 부족을 다루게 될까요, 아니면 낯선 것을 열등한 것으로 부당하게 차별하는 '야만인'이란 관념을 뒤흔드는 데 성공할 수 있을까요?

야만인! 짐승 같은 족속!

영국인들이 배를 정박한 후, 포카혼타스는 나뭇가지 뒤에 숨어 스미스가 라쿤과 장난치는 것을 신기하게 바라봅니다. 낯선 자는 일단 적대적으로 보이지 않습니다. 하지만 추장의 생각은 전혀 달랐죠. 점괘를 본 현자 케카타는 낯선 이들의 몸에서 묘한 윤기가 흐르고 그들이 굶주린 늑대처럼 가는 곳마다 짓밟아 망쳐놓으며 불과 천둥을 내뿜는 무기를 갖고 있다고 말했습니다. 한편 랫클리프는 곧바로 제임스 1세를 대신해 땅의 소유권을 선언하고 스미스에게 야만인을 찾으라고 명령했습니다. 양쪽 모두 서로를 불신하고 있습니다.

랫클리프는 인디언을 야만인으로 칭하며 아무것도 기대할 수 없는 저주받은 족속이라고 생각합니다. 아니 그보다 더 심하죠. 그는 "저 짐승들의 머리에 총알을 박아 죽이"려 합니다. 그에게 백인이 아닌 인디언은 인간이 아닌 악마 같은 이교도이자, 맞서 싸우고 무찔러야 할 대상이었습니다.

그렇게 영국인들은 인디언에게 총을 발포합니다. 공격당한 인디언 추장 포와탄은 백인들이 위험하다고 결론을 내립니다. 백인들은 죄책감 없이 죽음을 퍼뜨리는 악마이자 잔인한 살인자들입니다. 황금에 대한 욕심만 가득한 데다가 얼굴만 하얗지 그 속은 텅 비어 있는 족속이었습니다. 즉 창백한 영국인은 야만인입니다. 짐승보다도 못한 존재였죠. 그는 "그들은 우리와 다르다"라고 하면서 누구도 절대 그들에게 가까이 가서는 안 된다고 외칩니다.

하지만 그가 전혀 모르는 사실이 있었습니다. 바로 그 순간 그의 딸 포카혼타스가 인디언을 멸망시키라는 임무를 맡은 백인 존 스미스와 함께 있었죠. 존과 포카혼타스는 말없이 얼굴을 마주하고 상대의 시선을 탐색하면서 서로가 존중받을 인간이라는 사실을 깨닫습니다. 그들은 기적적으로 서로를 이해하며 같은 언어로 말하기까지 하죠.

하지만 이렇게 즉각 깊은 교류를 나누었음에도 스미스는 무엇이 인간의 존엄성을 만드는지에 대한 선입견을 바로 떨쳐내지는 못했습니다. 그는 영국인과 인디언 사이에 위계를 상정

자, 이제 누가 야만인이지?

하고, 영국인들이 이 세상 '야만인'들의 생활을 개선했다고 주장합니다. "아니, 어떻게 야만인이라고 부를 수 있죠?" 포카혼타스가 되묻자 존 스미스가 사과합니다. 그녀가 야만인이라는 게 아니라 문명세계를 모르는 사람들을 편의상 '야만인'이라 부르는 것뿐이라고요. 포카혼타스는 스미스가 그저 그들 같지 않은 이들을 야만인이라 부른다고 반박합니다.

스미스에게 그녀는 그저 야만인으로 보일 뿐입니다. 그는 악의 없이 자신은 다르다고 말은 하고 있지만, 자신이 뱉은 말이 왜 모욕적인지조차 깨닫지 못하죠. 하지만 포카혼타스에 따르면 '야만인'이라는 표현을 사용한다는 것부터 이미 그는 색안경을 쓰고 있습니다.

모든 사람은 자기네 관습과 다른 것을 미개하다고 부른다

철학자 미셸 드 몽테뉴는 이렇게 생각했습니다. 그는 《수상록》에서 위대한 정복자가 발견한 신대륙 원주민의 삶에 야만적이고 미개한 것은 없으며 우리는 자신에게 익숙하지 않은 것을 '야만'으로 받아들인다고 주장합니다. 우리는 기존과는 다른 관점으로 사물을 잘 보지 못하는 것 같습니다. 우리가 참과 거짓이라고 부르는 것에서 거리를 두고 바라보려면 약간의 겸손이 필요합니다. 이러한 참과 거짓은 그저 하나의 의견이며 우리가 사는 곳의 관습일 뿐입니다. '야만인'이라는 관념은 낯선 것에 대한 거부감이자 쓸모없는 독단론에 불과합니다.

〈포카혼타스 2〉의 시나리오는 몽테뉴가 사람들에게 전해준 이야기를 바탕으로 제작되었습니다. 몽테뉴는 신세계를 발견하고 원주민들의 풍습에 놀란 유럽인들만큼이나 유럽인들의 풍습에 놀란 세 명의 '야만인'을 본 것에 대해 이야기합니다.

나아가 몽테뉴는 '야만인'이란 관념에 거부감을 표하면서 문명에 대한 비판을 덧붙입니다. 그는 식인종에 대한 글에서도 '식인종'이라 불리는 자들의 윤리 의식, 규범, 시와 노래, 전투에 임하는 명예로운 태도를 들어 그들을 무작정 비난할 수 없다고 지적합니다.

물론 그들의 몇몇 행위는 두려움을 불러일으킬 수 있습니다. 몽테뉴에 따르면 어떤 민족은 가까운 자들의 시신을 먹기도 합니다. 하지만 이러한 관습은 그들의 믿음에서 비롯된 것입니다. 우리가 그들의 행위를 '야만적'이라고 판단한다면, 사형과 고문을 허용하는 국가에서 살아 있는 사람을 죽이는 행위는 어떻게 생각해야 할까요?

몽테뉴는 동시대 사람들에게 '미개인' 또는 '야만인'들이 자연에 가깝게 평온한 행복을 누리며 살고 있는 점을 이해하라고 촉구했습니다. 그들은 자연이 온전히 그들의 것이라고 생각하지 않습니다. 대지가 먼지가 뭉쳐 있는 무생물에 그치는 것이 아니라는 것을, 또 바위와 작은 새와 꽃에도 생명과 정신과 마음이 있다는 것도 알고 있습니다. 그리고 달을 보고 우는 늑대의 마음도 이해하며, 바람의 아름다운 빛깔로 세상을 물들일 수도 있습니다. 그들의 예술과 기술은 그들을 자연으로부터 분리하지 않습니다. 쉽게 말해 그들은 야만인이 아닙니다. 오히려 그 반대죠. 다양성을 인정하지 않고 세상에 미개함을 전파하는 건 바로 식민지 개척자들입니다.

사는 곳과 피부색은 중요하지 않습니다. 각자의 차이를 인정하고 우리가 서로 떨어질 수 없는 '인류'라는 무한한 원을 그리며 연결될 수 있다는 사실을 아는 것이 중요합니다.

당신은 꼭 당신처럼 생기고
당신처럼 생각해야만 '사람'이라고 하네요

바로 이런 점이 몽테뉴의 제자, 포카혼타스가 존 스미스에게 준 가르침입니다. 스미스는 그를 닮고 그의 방식으로 생각해야만 사람으로 취급했습니다! 하지만 우리는 자문해야 합니다. 이런 생각에 무슨 근거가 있을까요?

포카혼타스의 비판은 스미스에게, 또 우리에게도 전해집니다. 우리가 문명인이라고 확신할 수 있을까요? 〈포카혼타스 2〉에서 사람들이 동물을 다루는 미개한 장면은 우리 문명의 근본적인 잔혹함과 야만성을 드러냅니다. 제임스 1세를 만나기 위해서 런던에 온 포카혼타스는 세련된 왕궁 무도회에서 제대로 예의를 차리기 위해 몇 시간이나 예절을 배웠습니다. 하지만 궁전에 들어선 그녀의 눈에 비친 것은 곰을 고문하며 즐거워하는 구경꾼들의 아주 '세련된' 야만뿐입니다. 여기서 자칭 '문명인'의 잔혹함은 신대륙 원주민의 자연적인 선의와 대비되죠.

또 포카혼타스는 포로로 잡힌 스미스에게 뛰어들어 그의 처형을 막으면서, 자신의 아버지와 자기 부족 전체에 그리고 그들과 맞서는 영국인들에게 교훈을 줍니다. 그녀는 자신의 희생을 통해 영국인들에게 인간성을 보여주죠. 그러자 영국인들은 인디언을 공격하는 것을 거부하게 됩니다. 랫클리프가 포와탄에게 총을 쏘자, 스미스는 추장을 밀어내고 대신 총을 맞습니다. 이로써 두 진영은 서로를 거부하는 것을 거부하게 됩니다. 포와탄은 스미스를 같은 민족으로 대하며 환대를 베풀죠.

디즈니의 애니메이션은 식민지 개척자들이 평화롭게 신대륙을 떠나는 것으로 끝나면서 실제 역사의 비극적인 이면을 숨기고 있습니다. 역사에서 원주민은 패배했고, 민족은 사라졌으며, '문명'은 그들만의 문명으로 대륙을 뒤덮었습니다.

〈포카혼타스〉와 몽테뉴는 우리가 저지른 야만을 상기시키며, 관대함으로 '틀림'이 아닌 '다름'을 받아들이라는 교훈을 줍니다. 또한 우리에게 인간성이 있다면 그 어떤 것도 인간적이지 않다고 판단하고 배척해서는 안 된다는 점을 일깨워줍니다.

더 알고 싶다면
미셸 드 몽테뉴,《수상록》

"내 이름은 더그예요.
방금 만나긴 했지만 난 댁들이 좋아요."

제 이름은 더그, 말하는 개죠

#업 #데카르트 #몽테뉴

안녕하세요? 제 이름은 러셀, 야생탐사대 54분대 소속 땀방울부대 일반대원이죠…. 혹시 도움이 필요하신 일은 없으세요? 같이 길을 건너드릴까요? 같이 마당을 지나가는 건요? 그럼 문밖으로 나가는 건 어떠세요? 그것도 아니라면 무엇이든 도와드릴게요!

이거 보이시죠? 이게 다 야생탐사대원 배지예요. 여기 한 개가 빠진 것도 보이시죠? 노인 분들을 도와드리면 받을 수 있는 건데요, 이것만 채우면 전 바로 상급 대원이 될 수 있어요. 배지 수여식은 정말 멋져요! 문제가 있으시다고요? 좋아요! 제가 해결해드릴게요! 동물이 말을 하는지 알고 싶으시다고요?

바로 알아올게요!

동물들이 서로 소통하는 것처럼 보이는 것은 사실입니다. 어떤 동물은 앵무새처럼 특정한 낱말을 외치기도 하죠. 하지만 인간처럼 동물에게도 언어가 있는지는 고개를 다소 갸웃하게 됩니다.

어떤 사람은 동물이 소리는 내지만 그 소리를 언어로 간주할 수는 없다고 합니다. 동물의 울음소리는 기계적인 것이고, 감정은 드러낼 수 있지만 생각을 표현할 수는 없다는 말이죠. 그런 점에서 울음소리는 언어가 될 수 없다는 주장입니다. 또 어떤 사람은 우리가 동물의 소통을 이해하지 못하고 동물의 소리에 귀를 기울일 정도로 겸허함이 부족하기 때문에 동물에게 언어가 있다는 사실을 인정하지 않는 것뿐이라고 주장합니다. 다시 말해 사실은 인간이 언어를 가진 유일한 동물은 아니라는 뜻이죠.

여러분은 어떻게 생각하시나요? 이보다 상급 야생탐사대원이 되고 싶은 이에게 잘 어울리는 임무는 없을 겁니다! 이제 모험을 떠날 때가 되었습니다. 비행선을 타고 철학사의 두 위대한 모험가를 만나 그들의 지혜를 들어봅시다.

제 이름은 더그, 말하는 개죠

개가 조금 전에 '안녕하세요' 한 거 맞냐?

홀로 노년을 보내던 칼 프레드릭슨은 도움을 주겠다면서 문 앞에 나타난 귀찮은 꼬마를 쫓아버리기 위해 꼬마에게 불가능한 임무를 맡깁니다. 매일 밤 정원을 망가뜨리는 도요새를 쫓아내거라! 순진하고 열정적인 러셀은 곧바로 동물을 찾아 나서고 최선을 다합니다. 그는 쉬지 않고 못돼먹은 도요새를 찾으려 애쓰죠. 최선을 다하다 보니 프레드릭슨이 집을 수만 개의 풍선으로 하늘로 띄울 때도 함께 있었고, 그렇게 노인의 일행이 됩니다.

자, 이렇게 두 사람은 프레드릭슨과 그의 아내 엘리의 평생 목표였던 파라다이스 폭포로 향합니다. 거기서 그들은 더그라는 개를 만납니다. 러셀은 더그가 훈련이 잘 되어 있음을 알아챕니다. 러셀이 더그에게 손을 내밀자 더그도 바로 손을 내밀었죠. 혹시 몰라 러셀이 "말해봐!"라고 했더니, 더그는 "안녕하세요"하고 대답합니다. 세상에. 두 사람은 깜짝 놀랍니다. 개가 방금 '안녕하세요'라고 한 것이 맞는지 프레드릭슨이 되묻자, 더그는 그렇다고 대답하면서 이렇게 말합니다. "내 이름은 더그예요. 방금 만나긴 했지만 난 댁들이 좋아요." 그리고 덧붙였습니다. "제 주인님의 이름은 찰스 먼츠인데요, 주인님이 저에게 이 목걸이를 만들어주셨어요. 정말 똑똑하고 좋은 분이라니까요!"

찰스 먼츠가 목걸이를 만든 건 더그가 사람의 말을 할 수 있게 하기 위해서였죠. 목걸이에 있는 버튼을 누른 러셀은 더그가 쓰는 언어를 바꿀 수 있었습니다. 더그는 이탈리어, 한국어, 일본어로 말하기 시작했습니다. 회의론자인 프레드릭슨이 진짜 개처럼 왈왈 짖는 쪽이 좋다고 말하자 더그는 개처럼 짖었습니다. 마치 더그가 표현할 수 있는 다양한 언어의 하나에 불과한 것처럼 말이죠. 그에게 짖기란 이탈리아어나 일본어와 다를 바 없었습니다.

그다음에 우리는 또 다른 말하는 개(알파, 베타, 감마)를 만납니다. 이들 역시 찰스 먼츠의 수하였죠. 사람들에게 잊힌 탐험가 찰스 먼츠는 파라다이스 폭포에 살면서 거대한 새를 찾는 일에 인생을 바쳤습니다. 우리는 이후 이 새도 만나게 되고, 러셀은 그에게 '케빈'이라는 이름을 지어줍니다.

아 참, 케빈은 〈업〉에서 유일하게 말을 하지 않는 동물인데, 그렇다고 둥지에 머물고 있는 자기 새끼들과 소통을 못 하는 것은 아닙니다. 그러니까 케빈도 먼츠가 만든 목걸이를 찼다면 우리와 말이 통하지 않았을까요?

제 이름은 더그, 말하는 개죠

동물들이 왜 서로 말을 하지 않겠는가?
그들이 우리에게 말을 걸면 우리도 답하지 않던가?

러셀과는 달리 프레데릭슨은 말하는 개를 보고도 놀라지 않았습니다. 누군가 그에게 장난을 치는 것이고 목걸이는 그냥 장치에 불과하다고 여기기 때문이죠. 그의 회의론은 철학자 데카르트와 닮았습니다.

데카르트에게 언어란 인간의 고유한 도구입니다. 그가 언어를 어떻게 정의하는지를 보면 그의 이론을 분명히 알 수 있죠. 그에 따르면 소리가 발화자의 생각을 전달할 때만 엄밀한 의미의 언어가 존재합니다. 그렇기에 동물이 만든 소리는 언어가 될 수 없습니다. 그는 낱말을 말하는 앵무새 같은 동물의 소리도 두려움이나 희망 같은 정념을 전달할 뿐 결코 사유나 표상을 전하지 않는다고 생각했습니다. 동물은 기계적인 반응 또는 반사 작용으로 소리를 냅니다. 반대로 인간은 소리를 내는 기관이 없어도, 언어 즉 의미를 전하는 능력을 가지고 있습니다. 그러므로 진정한 의미작용은 기호가 그 기호로 가리키는 표상을 전할 때에만 일어나는 것이죠.

데카르트는 정서와 연관되지 않은 것을 다른 동물에 이해시키기 위해 기호를 사용할 정도로 완벽한 짐승을 본 적이 없다고 말했습니다. 그의 생각은 이렇게 이해할 수 있습니다. 데카르트는 아무리 똑똑한 동물이라도 본능에 기인하지 않은 기호를 통해 말한 적이 없다고 주장합니다.

데카르트의 생각을 예를 들어 표현하자면 개는 자기의 두려움이나 배고픔을 표현하기 위해서 짖지, 사느냐 죽느냐를 묻기 위해 짖지는 않는다는 거죠. 반대로 모든 인간은 듣지 못하거나 말을 하지 못하더라도 자기의 생각을 표현하는 기호를 발명했습니다. 그리고 동물들이 말을 하지 않는다면 그건 그들이 어떤 생각도 하지 않기 때문이지, 어떤 기관이나 잘 만들어진 목걸이가 없기 때문은 아니라고 주장합니다. 데카르트의 생각을 요약하자면, 동물은 생각하지도 않고 영혼도 없는 일종의 기계입니다.

러셀은 프레드릭슨이나 데카르트의 주장에 동의하지 않습니다. 이쯤에서 철학자 몽테뉴의 생각을 들어보는 것이 좋겠군요. 《수상록》을 쓴 프랑스의 수필가이자 철학자인 미셸 드 몽테뉴는 우리가 동물을 다루는 방식이 파렴치하다고 생각합니다. 그의 말에도 일리가 있습니다. 우리가 동물의 언어를 이해하지 못한다면 그 잘못은 어쩌면 우리에게 있는 것이 아닐까요? 그리고 왜 동물들이 짖기만 할 뿐 말하지 않는다고 오만하고 섣부르게 결론을 내려버리는 걸까요?

우리는 동물들 사이에 충분하고 확실한 소통이 있고 그들이 서로 이해한다는 것을 잘 알고 있습니다. 단순히 같은 종의 동물뿐만 아니라 다른 종도 마찬가지죠. 비록 동물은 우리가 생각하는 '말'을 하지는 못하지만, 다양하고 조금씩 차이가 있는 울음소리를 통해서 의미를 전합니다. 누군가는 이렇게 말했습니다. "말은 개가 특정한 방식으로 짖으면 그가 화가 났다는 것을 알지만, 다른 방식으로 짖을 때는 두려워하지 않습니다"라고 말이죠.

그리고 동물은 목소리를 낼 수 없을 때는 다른 방식으로 소통합니다. 움직임은 이성을 표현하고 관념을 드러냅니다. 즉 몽테뉴는 동물들이 신음하고 기뻐하며 도움을 청하거나 사랑을 구애할 때 동물들이 서로 소통한다고 생각했습니다. 우리의 말에 대답할 수 있는 것처럼 우리에게 말을 걸 수 있다고 생각했죠. 먼츠의 목걸이는 우리가 항상 이해하지 못하기 때문에 없다고 믿었던 동물의 언어를 이해하게 해주는 것이죠!

주인님이 너무 좋아서 현관 밑에 숨어 있었는데,
저 여기 있어도 되나요?

자, 이제 여러분은 비록 확실한 악당이지만 동물이 말한다
는 것을 이해한 문츠의 손을 들겠습니까? 아니면 개가 말할 수
있다는 것을 믿지 않으려 했던 작중 초반 프레드릭슨의 손을
들겠습니까?

동물의 언어에 대한 철학적 입장은 당연히 우리가 동물을
대하는 방식에 영향을 미칩니다. 동물이 생각과 말을 하지 않
는다고 여긴다면, 동물은 우리와 똑같은 생명체면서도 근본적
으로는 기계와 크게 다르지 않은 것으로 보일 겁니다. 그런 이
유로 도덕적 딜레마에 빠진다면, 예를 들어 케빈 같은 동물의
생명을 구하는 것과 자신의 추억이 모두 담긴 집에 난 불을 끄
는 것 사이에서 무엇을 선택할 것인지 딜레마가 생긴다면 추억
을 선택할 수 있습니다. 프레드릭슨도 처음에는 그렇게 생각했
었습니다.

하지만 결국 프레드릭슨은 케빈의 생명이 중요함을 깨닫
고 그를 구하기 위해서 자기 추억을 희생하는 쪽을 택합니다.
어린 러셀을 만난 칼 프레드릭슨은 동물을 바라보는 관점을 바
꿨습니다. 그는 이제 몽테뉴와 한 편이 되어 데카르트에게 '개

망신 깔때기'를 쓰라고 요구할 겁니다.

더 알고 싶다면
르네 데카르트, 《뉴캐슬 남작에게 보낸 편지》
미셸 드 몽테뉴, 《수상록》

"동물들이 폭군이 아니라면 그 누구도 빼앗아갈 수 없는
자신들의 권리를 획득할 날이 올지도 모른다."

모피 코트가
공리주의적으로 옳다면

#101마리의 달마시안 개 #데카르트 #벤담 #오지앙

내 이름은 퐁고, 이 이야기는 런던에서 시작해. 나는 공원 근처의 아파트에서 로저 래드클리프라는 친구와 함께 살고 있었지. 아름다운 봄날이었어. 로저는 음악가인데, 일과 결혼이라도 한 것처럼 하루 종일 노래만 작곡했지. 주로 사랑 노래를 작곡하는데, 나 참⋯ 로저는 '사랑'의 '사'자도 모르는 친구인데 말야. 이제는 로저가 외로움을 달래줄 매력적인 누군가를 만났으면 좋겠어.

바로 그때 나는 창문에서 지금까지 봤던 네 발 달린 것 중 가장 아름다운 존재가 아름다운 친구를 데리고 공원 쪽으로 가는 걸 봤어. 만남의 장소로는 이보다 좋을 순 없지, 완벽해! 이

건 하늘이 주신 기회야! 나는 로저에게 산책나갈 시간이라는 걸 알렸고, 온 힘을 다해 내 친구와 내가 봐뒀던 아가씨가 서로 대화하도록 만들었지….

생각했던 것보다 훨씬 더 성공했지 뭐야! 로저는 아니타를 아내로 맞았고 나도 퍼디타와 사랑에 빠졌어. 정말 황홀한 시간이었지. 우리는 두 쌍 모두 같은 날에 죽을 때까지 서로 사랑하겠다고 맹세했어.

처음 6개월 남짓은 공원 근처의 작은 집에서 살았어. 아담해서 신혼 부부 두 쌍이 살기엔 딱 맞는 공간이었지. 우리를 도와주는 유모는 살림도 잘하고 요리도 일품인데, 인정도 얼마나 많은지 몰라.

그때 행복한 소식을 들었어. 퍼디타가 임신을 했지. 우리가 부모가 된다니! 아참, 당신이 혼란스럽지 않게 말할 게 있는데… 퍼디타와 나는 검은 점이 박힌 흰색 털의 순종 달마시안이야. 그래, 우리는 개야. 이제 좀 다르게 보이나?

모피 싫어하는 여자 있어? 있으면 나와보라고 해!

누군가는 우리를 다르게 보았어. 아니타의 동창인 크루엘라

모피 코트가 공리주의적으로 옳다면

드 빌이라는 여자였지. 크루엘라는 정말 무섭게 생겼어. 너무 무서워서 그녀만 보면 소름이 끼치지 뭐야. 어떻게 생겼냐고? 음… 독거미가 떠오른다고 할까. 그녀의 이름처럼 악마 같기도 하고, 피를 빨아먹는 박쥐 같기도 해. 어지간히 사악한 여자라서 어디 멀리 보내거나 가둬놓아야 할 것 같았어.

어느 날 그 악마같은 여자가 초대도 안 했는데 갑자기 우리 집에 찾아왔어. 그녀는 곧 태어날 우리 아기들에게 관심이 많더군. 강아지들 때문에 온 거였어. 사랑을 주려고 관심을 갖는 건가? 물론 아니었지! 유일한 즐거움인 모피 코트를 만들려고 했던 거야. 그녀는 모피에 살고 모피에 죽는 여자였어. 여자 중에 모피를 싫어하는 여자는 없다나, 나로서는 도무지 이해할 수가 있어야지….

내 아기들이 세상이 나오려면 3주는 더 있어야 한다는 것을 알려주고 나서야 크루엘라는 떠났어. 조용히 간 것도 아냐. 그녀가 보기에 작고 초라한 집과 집주인이자 내 친구인 로저를 실컷 비꼰 다음 가버렸어. 악마 같은 년.

이 끔찍한 마녀가 우리 아이들을 원했다니. 우리 새끼들은 무슨 일이 닥칠지도 모르고 예정대로 10월 폭풍우가 몰아치던 어느날 밤 태어났어. 처음에는 여덟 마리인 줄 알았는데, 열

마리였고, 다시 열한 마리였다가 열다섯 마리까지! 로저가 나를 대단하다고 해주는 동안 무시무시한 번개가 치면서 끔찍한 크루엘라가 다시 나타났어. 뭐라는지 알아? 가격 상관없이 내 새끼들을 전부 산다는 거 있지! 아니타가 바보 같은 소리하지 말라고 했더니 두 사람 먹고 살기도 빠듯하지 않냐고 비꼬지 뭐야! 크루엘라는 두 배로 쳐서 주겠다고 했어. 로저는 이 잔인한 제안을 거부했지. 역시 내 애완동물은 진짜 영웅이야. 크루엘라는 무슨 심보인지 복수하겠다면서 우리가 후회할 것이라고 단언했지. 실제로 우리 넷이 새끼들을 유모에게 맡겨두고 공원을 산책하던 저녁, 크루엘라의 흉악한 부하 두 명이 집에 쳐들어왔어. 그리고… 우리 아가들을 훔쳐갔어.

고통을 느낄 수 있는가?

자, 이제 여러분이 능력 있는 크루엘라라고 상상해보세요. 폭풍우가 치는 바다 한복판에 구명보트가 있고, 보트에는 네 명의 사람과 한 마리의 개가 있습니다. 그중 한 사람이 희생하거나 개를 바다로 떠밀지 않으면 모두가 죽을 상황에 처했습니다. 별다른 논의가 없어도 개를 선택하는 것이 윤리적으로 옳은 걸까요? 몇몇 분들은 개를 배 밖으로 던지는 것이 윤리적으로 허용된다고 생각할 수 있습니다. 그 근거로 인간의 생명이 본질적·원칙적으로 개의 생명보다 더 가치 있기 때문이라고 하겠죠. 철학자 칸트도 이에 동의할 겁니다. 그가 보기에 자연의 창조물 중 유일하게 인간만이 존엄성을 가지고 있는데, 이는 인간만이 윤리적 역량을 지니기 때문이고 그 사실이 인간에게 가늠할 수 없는 가치를 부여하기 때문입니다. 윤리적 원칙을 가진 존재라는 점에서 인간을 보호하고 구해야 하고 개를 죽게 내버려두어야 합니다.

그렇게 생각하셨다면 새로운 질문에 답해보세요. 아까 그 네 명이 사실은 모두 야만적인 학살을 저지른 나치였고, 개는 지진이 난 후에 약 열 명의 사람을 끔찍한 죽음으로부터 구해낸 영웅적인 구조견이라 생각해봅시다. 이런 사실 때문에 구명보트에 누가 남아야 하는지, 누구에게 살 권리를 부여할지 판단하는 당신의 선택이 조금 달라졌나요?

처음 질문에서 인간을 구해야 한다고 선택한 분 중 몇몇은 생각을 바꿨을 가능성이 높습니다. 몇몇은 도망 중인 나치보다 구조견을 살리는 쪽을 선호할 겁니다. 그들은 아마 자파보다는 발루를 구하겠죠. 그렇다면 원칙적으로 인간의 생명이 더 소중하다는 명제는 어떻게 될까요? 종에 따라서 위계를 상정하는 이들에게, 그래서 사람들이 종차별주의자라고 부르는 이들에게 모순이 있다는 사실을 알 수 있습니다.

그리고 계속 구조견 대신 나치를 구하는 쪽을 택한다면 칸트의 이론을 이용해도 논증을 유지하기 어렵습니다. 칸트의 논증은 인간에게 윤리적 역량이 있다는 사실을 전제로 하니까요. 데카르트도 마찬가지입니다. 이 논증은 윤리적 역량이 있다는 사실을 전제로 합니다. 비록 그 역량이 행위로 드러나지 않았더라고 하더라도 말이죠. 데카르트는 동물은 잘 조정된 기계장치처럼 본성에 따라 반사적으로 행동한다고 여겼습니다. 시계가 기계장치의 원리에 따라 째깍거리는 것처럼, 봄이 되면 종달새가 오는 것도 동일한 원리에 따른다고 설명했죠. 쉽게 말해 데카르트에게 동물은 본능에 의해서만 행동하며 생각하지 않는 기계입니다. 오직 인간만이 언어를 사용하고 합리적인 사고를 하는 존재였죠. 그렇기 때문에 인간을 지구상의 다른 어떤 것보다도 우월한 존재로 정의했습니다.

이런 생각이 어떤 결론을 가져오는지 살펴봅시다. 강아지의 가죽을 벗겨서 모피 코트를 만들려고 하는 크루엘라는 동물을 목적을 위한 수단으로 사용합니다. 우리가 존엄성을 가진 존재에 대해 이야기하는 것이 아니라면 크루엘라의 행적이 그렇게 충격적인 일일까요? 우리가 액자를 보호하기 위해 시계에 있는 유리를 가져다 쓴다고 눈물을 흘리게 될까요? 우리는 눈물 하나 흘리지 않고 기계의 한 부분을 다른 용도로 사용할 겁니다. 크루엘라도 똑같이 한 거죠.

영국의 철학자 제러미 벤담은 이런 주장이나 크루엘라 같은 인물에 경악했을 겁니다. 그는 인간이 아닌 동물도 그들의 권리를 획득하기를 바랐습니다. 폭군이 아니고서야 그 누구도 그 권리를 박탈할 수는 없으리라 생각했죠. 그는 프랑스인들이 피부가 검다는 이유로 한 인간에게 고통을 주는 일을 묵과할 수 없다는 사상을 세운 것을 예로 듭니다. 우리도 다리가 몇 개인지, 털이 어떤지, 꼬리뼈가 어떻게 생겼는지를 이유로 감각이 있는 존재에게 고통을 주고 방치할 수 없다는 점을 빨리 깨달아야 합니다.

벤담은 어떤 기준으로 윤리의 영역에서 절대 침해할 수 없는 경계를 그을 것인가 라는 문제를 제기합니다. 데카르트가 원했던 것처럼 합리적인 이성과 대화의 능력일까요? 그렇다면 다 큰 말이나 개가 갓 태어난 아기보다 훨씬 이성적이고 말이 잘 통한다는 사실을 인정해야 합니다. 칸트가 말하는 것처럼 윤리적인 역량의 유무일까요? 무엇이 좋은 기준일까요? 이성이나 언어보다는 고통을 느끼는 능력을 우선해야 하지 않을까요?

벤담은 동물이 정서를 가지고 있기 때문에 윤리적 규준을 논의할 때 각각의 인간만큼이나 동물도 고려한다고 주장합니다. 그의 공리주의utilitarianism에 따르면 '최대 다수의 최대 행복' 실현이 윤리적 행위의 목적입니다.

코트를 만들기 위해 달마시안들을 희생시키는 것과 강아지들을 지키는 것, 어느 쪽이 윤리적인 선택일까요? 후자에는 부모인 퐁고와 퍼디타를 합해서 101마리의 강아지와 로저와 아니타를 더해야 합니다. 크루엘라 1인의 행동에 103인이 불행해질 겁니다. 다시 말해 코트를 만든다면 오직 크루엘라 한 사람만이 행복해질 겁니다. 답은 매우 명료합니다. 강아지를 죽이는 것은 비윤리적입니다.

악마 같은 크루엘라!

강아지들을 훔친 일이 신문에 크게 실렸지만 크루엘라는 매우 즐거워했습니다. 경찰에 불려갔지만 경찰이 아무것도 찾지 못했거든요. 사실 강아지들은 무자비한 두 도둑이 지키는 성에 잘 숨겨져 있었습니다.

강아지들이 아직 너무 작아서 가죽이 얼마 나오지 않겠지만 크루엘라는 작업이 가능한 한 빨리 끝나기를 원했습니다. 코트를 여섯 벌밖에 만들지 못하더라도 강아지를 한시라도 빨리 죽이라고 명령하죠! 독을 사용하든 돌로 치든, 코트만 가질 수 있다면 방법은 중요하지 않았습니다.

다행히도 강아지들은 도망치는 데 성공하고, 길에서 부모를 다시 만나 크리스마스의 기적처럼 집으로 돌아옵니다. 크루엘라는 패배했습니다.

최근 세상을 뜨겁게 달군 동물권 논쟁이 있기 한참 전인 1961년, 디즈니는 벤담과 함께 우리가 동물 윤리에 대해 자각할 수 있도록 만듭니다. 그것도 동물권에 어울리는 형식(개 퐁고의 나레이션)과 내용(크루엘라의 검은 속내와 강아지들의 수난)을 통해서요.

더 알고 싶다면
르네 데카르트, 《뉴캐슬 남작에게 보내는 편지》
제러미 벤담, 《도덕과 입법의 원칙에 대한 서론》
뤼방 오지앙, 《딜레마, 어느 유쾌한 도덕철학 실험보고서》

"아니, 뭐라고?
왕 앞에서 실력을 보여줄 절호의 기회인데?"

도적과 의적은
한 끗 차이

#로빈 훗 #칸트 #벤담

저로 말하자면 알란, 음유시인이죠. 세상을 노래하지만 가끔 신청곡도 받습니다. 지금부터는 로빈 훗에게 실제로 있었던 일을 이야기해드리죠. 12세기 말, 사자왕 리처드는 성지를 향해 십자군 원정을 떠났습니다. 그가 없는 동안 그의 형제인 존 왕자가 왕관을 탈취했죠. 백성들은 점점 더 무거운 세금의 압박에 피를 흘렸고, 그들의 희망이라곤 부자들에게 돈을 훔쳐서 가난한 자들에게 준 로빈 훗밖에 없었습니다.

시간을 거슬러 올라가 셔우드숲으로 그를 만나러 떠나봅시다. 자, 그가 리틀 존과 함께 숲속 길을 걷고 있네요. 농담을 주거니 받거니 하는 걸 보니 기분이 좋아 보입니다. 재밌던 일,

화났던 일, 수많은 추억을 오랜만에 털어놓으며 신나는 하루를 보내고 있었죠. 물론 뒤쫓아 온 행정관이 화살 부대를 동원해 그들을 잡아 교수형에 처하려 하지만요. 하지만 우리 두 영웅은 그따위 위협에는 전혀 신경 쓰지 않습니다.

전하, 백성의 혈세를 터는 재주가 정말 기막히십니다

화려한 행렬을 예고하는 트럼펫 소리가 들리자 그들은 발길을 멈췄습니다. 가난한 자들을 위해 한탕 벌일 기회가 왔군요! 그 소리의 정체는 존 왕자의 행렬이었습니다! 행렬의 마차에서 존 왕자는 총신인 독사 히스 경과 이야기를 나누고 있었습니다. 히스 경이 아부를 떠는군요. "전하, 가난한 백성의 혈세를 터는 재주가 정말 기막히십니다." 존 왕자는 표현을 이렇게 정정합니다. "가난한 이들의 세금을 걷어 부자를 돕는 것이지!" 게다가 다음 행선지 노팅엄에서는 더 많은 세금을 걷을 수 있습니다! 노팅엄은 아주 기름진 노른자 땅이기에 많은 세금을 털, 아니 걷을 수 있는 곳이었죠! 그리고 우리는 존 왕자와 히스 경이 왕관을 찬탈하기 위해 함께 음모를 꾸민 사실을 알게 됩니다. 뱀이 리처드 왕에게 최면을 걸어 십자군 원정에

　　　　　　도적과 의적은 한 끗 차이

나서게 한 뒤 왕좌를 그의 형제에게 넘겼던 것이죠. 존 왕자는 백성의 혈세뿐만 아니라 왕관도 착취했습니다.

로빈 훗과 리틀 존은 점쟁이로 변장합니다. 그리고 행렬을 향해 외칩니다. 점을 봐 드립니다! 별자리로 앞날을 점쳐 보세요! 솔깃해진 존 왕자는 마차를 세우게 하고 변장한 두 도둑에게 그의 손에 입 맞출 것을 허락합니다. 로빈 훗은 기회를 틈타 반지를 장식한 보석들을 삼켜버립니다. 그러고는 왕자가 점을 보는데 열중하는 동안 리틀 존이 마차의 금으로 된 바퀴 장식을 훔치고 왕가의 궤짝을 털어버리죠. 아무도 다치게 하지 않고 아주 간단한 속임수를 통해 로빈 훗과 리틀 존은 왕자의 금을 싹 털어버리는 데 성공합니다.

죄책감이 든 리틀 존이 로빈 훗에게 묻습니다. "우리는 착한 사람이야, 나쁜 사람이야?" 부자의 돈을 훔쳐 가난한 사람에게 주는 것이 옳은 일일까요? 늘 선행을 베푸려 하는 터크 수사에게는 답이 정해져 있습니다. 존 왕자의 돈을 훔쳐 도덕적으로 행동하는 정의로운 로빈 훗에게 신의 은총이 있기를!

하지만 이는 정말 철학적인 질문입니다. 필요에 의해 남의 물건을 훔치는 것이 올바를까요? 터크 수사에게는 미안하지만, 철학자 사이에서도 이 문제의 답은 갈립니다.

가장 많은 사람의 행복을 추구해야 한다

칸트는 터크처럼 로빈 훗을 정의롭다고 평가하지 않을 겁니다. 칸트는 특정한 행위가 도덕적인지 아닌지를 결정하기 위해 우리의 행위를 지배하는 의도를 평가하는 방법을 고안했습니다. 이 의도를 칸트는 준칙Maxime이라고 합니다. 행위의 도덕성을 평가하기 위해서는 우선 우리 행위에서 이런 준칙을 끌어낸 뒤, 그 준칙을 정언명령kategorischer Imperativ이라는 삼중의 시험대에 올려야 합니다. 예를 들어 로빈 훗의 경우 "나는 절도를 통해 도움이 필요한 사람을 도울 수 있다면 훔치는 일을 스스로 허용한다"라는 준칙이 되겠죠.

첫 번째 시험은 준칙의 도덕적 가치가 모순 없이 보편화할 수 있는가 하는 겁니다. 우리가 따르는 행위의 규범에 모순이 있거나 보편화할 수 없다면 우리의 의도는 부도덕한 것이 됩니다. 두 번째는 준칙의 외부적인 일관성, 즉 적용 가능성을 검증하는 겁니다. 이번에는 우리의 준칙이 법제화되는 세상이 있다고 가정할 때 그것이 실현 가능한 세상인지를 따져봅시다. 〈심시티〉처럼 도시를 경영하는 게임을 생각해보죠. 여러분이 만든 도시의 사람들이 특정 준칙을 따르도록 법을 만들 수 있는지 상상해보세요. 그리고 도시의 사람들이 그런 법률이 된 준칙을 준수할 수 있는지 판단해보는 겁니다. 마지막 시험은 우리에게 누구도, 심지어 어떤 목적을 위한 행위의 주체가 되는 자기 자신 조차도 수단이 아닌 목적으로 대해야 합니다.

이런 도덕적 평가를 하는 방식 덕분에 칸트는 로빈 훗의 행위가 부도덕하다고 말할 겁니다. 로빈 훗이 하는 행위의 준칙은 두 번째 시험을 통과할 수 없습니다. 로빈 훗의 절도는 사회적으로 가능한 보편적인 법률이 될 수 없기 때문입니다. 만약 어떤 사람이 무언가 필요하다고 판단할 때 절도 행위를 스스로 허용한다면, 사회적 계약과 인간적 관계를 세우는 신뢰가 무너질 겁니다. 칸트에게 필요하기 때문에 남의 것을 훔치는 일은 어찌 보면 가혹해 보일 수 있지만 부도덕한 겁니다.

벤담의 견해는 칸트와 다릅니다! 그는 칸트와 반대로 우리 행위의 의도가 아닌 행위의 결과가 도덕성을 결정한다고 보았습니다. 그러니 우리 행위의 결과가 최대 다수에게 최대 행복을 안겨준다면 도덕적인 행위라고 볼 수 있죠. 목적에 따라 특정한 수단이 허용되기도 합니다. 우리가 존 왕자의 금을 훔친다면, 존 왕자에게는 시련을 안겨주지만 그에게 뼛속까지 수탈당했던 노팅엄의 모든 주민들에게 마음까지 차오르는 행복을 가져올 겁니다. 계산이 아주 쉬워지죠. 존 왕자에게 금을 훔쳐야 하며 그 절도는 도덕적인 행위입니다.

이러한 벤담의 결론을 설명하려면 출발점으로 되돌아가야 합니다. 벤담에 따르면 인간은 무생물과는 달리 쾌락과 고통을 느낄 수 있습니다. 그러므로 인간이 감정을 느낄 수 있는 존재인 한, 고통을 받지 않고 쾌락을 누리는 것이 중요합니다.

벤담에게 인간 행위의 근본적인 동력은 쾌락을 추구하고 고통을 피하는 겁니다. 그는 이를 근거로 도덕을 만들어갑니다. 행복이란 무엇일까요? 그는 고통을 배제하고 쾌락을 얻는 것이라고 답합니다. 그렇다면 미덕이란 무엇일까요? 그의 대답은 아주 독창적입니다. 그는 행복에 가장 크게 기여하는 것, 즉 쾌락을 최대화하고 고통을 최소화하는 것이 미덕이라고 칭했습니다. 반대로 행복을 축소하고 불행에 기여하는 건 악덕이죠.

벤담에게는 공리의 원칙이 도덕적 평가를 지배합니다. 행위의 결과가 쾌락에 유용하다면 그 행위는 도덕적이라 볼 수 있습니다. 반대로 결과가 쾌락에 유용하지 않고 고통을 불러온다면 그 행위는 부도덕한 겁니다. 또한 공리의 원칙은 공정의 원칙과 함께 완성되어야 합니다. 우리는 언제나 행위의 결과에 영향을 받는 모든 사람을 고려해야 하고, 우리 자신의 이익을 다른 사람의 이익보다 우선시해서는 안 됩니다. 이에 벤담은 이렇게 적었습니다. "모든 사람은 하나로 계산되며, 그 누구도 하나 이상으로 계산되지 않는다." 두 원칙에 따라 로빈 훗은 미덕을 행한 사람이고 필요에 의해서 훔치는 일은 도덕적인 것이 됩니다.

우리는 좋은 편이야? 나쁜 편이야?

리처드 왕의 귀환으로 애니메이션이 끝나고 윤리철학적 문제에 관한 디즈니의 판결이 내려집니다. 노팅엄의 행정관, 존 왕자, 히스 경은 채석장에서 백성들에게 저지른 수탈의 대가를 치르죠. 한편 무법자 로빈 훗은 사면됩니다. 그는 왕의 조카인 메이드 메리언과 명예롭게 결혼식을 올리죠. 로빈 훗은 무법자가 아니며 언젠가 사람들은 그를 영웅으로 칭송할 것이라는 터크 수사의 예상대로 이루어졌습니다.

더 알고 싶다면
이마누엘 칸트, 《도덕형이상학 정초》
제러미 벤담, 《도덕과 입법의 원칙에 대한 서론》

5장.

기계, 장난감, 정신

"나무 인형아, 너에게 생명을 주겠노라!"

"머릿속에서 무슨 일이 일어나는지 궁금해해 본 적 있으세요?
저는 잘 알죠."

자유의지?
이 버튼은 뭐지?

#인사이드 아웃 #스피노자

라일리가 태어났습니다. 그녀가 태어나자마자 첫 번째 감정, '기쁨이'가 나타났습니다. 라일리는 기쁨이와 함께 세상에 눈을 뜨고 부모를 발견했습니다. 그녀의 첫 기억이자 행복한 기억이었죠. 라일리가 어떤 행동을 할지 결정하는 머릿속 감정 본부에서 기쁨이는 이후 나타나는 여러 감정들의 리더입니다. 첫 번째 기억 이후 곧바로 두 번째 감정이 기쁨이 옆에 나타납니다. '슬픔이'였죠. 그래서 라일리는 울음을 터뜨립니다.

이후 라일리의 감정 본부에는 식구가 늘어납니다. 우선 세 번째로 '소심이'가 등장해, 특유의 신중함으로 라일리를 안전하게 보호해줍니다. 그다음은 등장한 '까칠이'는 맛없는 음식이나 나쁜 친구에게서 라일리를 지켜줍니다. 마지막으로 뛰어든 '버럭이'는 공정하지 못한 상황을 참지 못하는 감정입니다. 이 모든 감정이 라일리의 감정 본부의 조정대에서 꼬마 라일리의 행동을 이끌어갑니다.

라일리가 살아가는 매 순간은 색깔이 있는 구슬에 담겨 기억을 만들어냅니다. 행복한 기억은 노란색 구슬에, 불행한 기억은 파란색 구슬에 담깁니다. 모든 기억 중에서 중요한 것은 핵심 기억에 저장됩니다. 라일리가 하키에서 처음 골을 넣었을 때 이런 핵심 기억이 만들어졌죠. 핵심 기억은 하키섬, 엉뚱섬, 우정섬처럼 라일리의 성격의 여러 측면을 형성합니다. 이러한 섬들은 라일리를 라일리로 만들어주는 성격이 구체화된 것이죠.

이토록 환상적이고 재치 있는 세계 뒤에 고전적이고 근본적인 철학적인 질문이 담겨 있습니다. 우리의 행위는 영혼에서 발현되는 의지에 따라 자유롭게 시작하는 걸까요, 아니면 맹목적으로 그런 실체를 상상하는 대신 우리 안의 모든 것이 물질적인 과정으로 환원된다고 인정해야 할까요? 사유와 감정이 깃든 비물질적인 영혼이 존재할까요, 아니면 사유와 감정을 만드는 뇌의 놀라운 능력에 감탄해야 할까요?

모든 것이 뇌의 생물학적인 과정을 통해 결정되는 것이라면, 라일리가 웃는 게 사실은 그녀 안에 있는 '기쁨이'의 결정에 따른 것이라면, 어떻게 라일리가 자유롭게 행동한다고 생각할 수 있을까요? 여러분이 누군가의 머릿속에 들어갈 수 있다면 무엇이 있을 것 같으신가요? 비물질적인 영혼일까요, 아니면 정신의 복잡하고 경이로운 기계장치일까요?

진짜처럼 바꿔주는 필터를 끼우고

〈인사이드 아웃〉은 인간의 행위가 어떻게 작동하는지 발견하도록 해줍니다. 그리고 확실히 결정론적인 해석을 제안하죠. 그 말은 라일리가 자유의지free will로 어떤 행위를 하거나 감정을 느끼는 것이 아니라는 뜻입니다. 그녀가 샌프란시스코의 새집을 발견했을 때 한탄한 것은 그녀의 자유의지에 따른 결과가 아닙니다. 학교에 처음 가던 날 교실 한가운데서 눈물을 터뜨린 것도 자유롭게 행한 것이 아니었죠. 마찬가지로 그녀가 친구와 화상 대화를 하다가 갑자기 화가 나서 노트북을 엎어버렸을 때도 자유의지라 할만한 것은 거의 없었습니다.

라일리의 감정만 자유의지와 거리가 먼 것이 아닙니다. 라일리가 내린 여러 결정도 그녀를 지배하는 근본적인 정서들이

정하기에 자유의지로 행한 것으로 보기는 힘들죠. 라일리가 가출하기로 결정한 건 머릿속에서 '버럭이'가 이러한 관념을 활성화했기 때문입니다. 라일리의 부모도 마찬가지입니다. 아빠와 엄마의 정신 속에서 여러 결정이 만들어질 때도 라일리처럼 감정들이 작동하는 것을 볼 수 있습니다. 각각의 역할을 맡은 감정들이 조금 더 나이를 먹었을 뿐이죠.

간단히 말해 〈인사이드 아웃〉의 기저에는 사유와 행위의 본성에 대한 일반적인 이론이 있습니다. 우리의 기억부터 웃음, 슬픔, 분노에 이르기까지, 그 모든 것이 자유의지가 아니라 우리의 뇌에서 작동하는 정교한 장치에 의해 통제되는 것처럼 보입니다. 또한 기쁨이의 말을 들어보면 이런 메커니즘은 감정본부에 있는 도서관에 있는 설명서를 따릅니다. 예컨대 설명서에는 오래된 기억의 복구를 수행하는 방법을 설명하는 부분이 있습니다. 마치 뇌가 하나의 기계에 불과한 것처럼 말이죠.

이 장치는 밤에도 우리 꿈속에서 작동합니다. 우리는 장기기억의 미궁 속에서 생각의 기차를 찾던 기쁨이와 슬픔이 옆에서 '꿈 제작소'를 발견합니다. 그곳은 매일 라일리의 밤을 채울 꿈을 제작하는 중요한 책임을 맡는 곳입니다. 라일리의 꿈 제작에 참여하기 전, 우리는 〈까마득한 구덩이에 빠지다〉, 〈날 수 있어요〉, 〈무언가 나를 쫓아 와요〉 같은 흥행한 꿈들의 포스터를 볼 수 있습니다. 하지만 꿈의 대본은 대체로 그날의 기억에 실재를 왜곡하는 필터를 씌워 만들어집니다. "다들 카메라를 보고 연기해야 돼. 라일라가 카메라니까"라고 감독이 외치는 것처럼요!

낮이나 밤이나 창의성은 우리를 벗어나 있습니다. 우리가 '자아'라고 부르는 것은 우리가 전혀 알지 못하는 메커니즘이 만든 결과에 불과하지만, 우리는 그 사실을 모르기 때문에 자유롭다는 환상에 빠집니다. 〈인사이드 아웃〉은 우리를 그런 환상으로부터 해방시키고, 마냥 나쁘지는 않은 필연성을 드러냅니다.

마치 곡선이나 평면을 다루는 것처럼

이런 점에서 〈인사이드 아웃〉은 스피노자적 색채를 띠고 있습니다. 스피노자는 《에티카》에서 인간이 스스로 표상하고 싶은 방식이 아닌 있는 그대로의 인간을 보여주려고 합니다. 그에 따르면 인간이 자연 너머의 실재라고, 즉 행위에 완전한 권한이 있는 자기 행동의 주인이라고 믿는 것은 달콤한 환상일 뿐입니다. 인간은 자연이란 제국 속의 독립된(즉 자율적인 실재의) 제국이 아닙니다. 사실 인간의 행위는 무질서하고 혼란스러

위 보일 때도 자연의 법칙을 따릅니다.

그런데 스피노자의 생각에 유감을 표현하는 이들도 많았습니다. 그들은 인간이 자유롭고, 그렇기 때문에 인간의 행위를 비웃거나 한탄하는 것이 허용된다고 믿었습니다. 스피노자는 이들의 믿음에 부응할 생각이 없었습니다. 그는 인간의 행위를 일종의 메커니즘으로 이해하고자 했죠. 그래서 인간의 행위를 마치 곡선이나 직선이나 평면을 다루는 것처럼 이야기합니다.

스피노자에 따르면 우리는 우리가 어떤 행동을 하거나 하지 않기를 선택할 수 있다고, 즉 자유의지로 행동한다고 믿지만 사실은 결정론에 구속되어 있습니다. 그 이유는 무엇일까요? 우리의 의식은 행위의 결과 이전에 있는 행위의 원인을 포착하지 못하기 때문입니다. 달리 말해 인간은 행동할 때 스스로 제시한 목적에 대한 의식은 있지만, 그런 목적을 제시하게 만든 원인은 인식하지 못하기 때문에 자유롭다고 착각합니다.

우리의 자유로운 행동 이면에는 오직 충동appetitus이 숨어 있습니다. 우리는 영혼이 결정을 내린다고 믿지만, 사실 결정은 육체가 내리는 겁니다. 아니면 기쁨이와 슬픔이가 사는 감정 본부가 정할 겁니다. 그래서 우리는 언제나 선택에 따라 행동하는 것이 아니라 육체와 정신이 동시에 일으키는 움직임에 따라, 우리의 정서적인 삶이 변용하는 작용에 따라 행동하죠.

그렇게 아기는 자유롭게 우유를 열망한다고, 화가 난 아이는 복수를 원한다고, 겁쟁이는 도망치기를 원한다고 믿습니다. 그렇게 라일리는 하키팀 선수 선발전에 참석하지 않을 것을 자유롭게 선택했다고, 라일리의 엄마는 현재의 삶에 낙담하고 옛 남자친구에 대한 기억을 떠올렸다고, 라일리의 아빠도 딸을 즐겁게 하기 위해서 자유롭게 고릴라 흉내를 내는 것을 선택했다고 믿습니다. 비슷한 예로 술에 취한 사람은 정신의 자유로운 결정에 따라 맨정신이라면 절대 내뱉지 않았을 이야기도 술술 말하게 되죠. 라일리는 자기 의지로 자유로운 결정에 따라 재미를 위해 계단 난간을 미끄러져 내려간다고 믿습니다. 모든 이가 자신의 행위를 의식하고 있다는 이유로, 그러면서도 어떻게 그 행위들이 결정되었는지는 모른다는 이유로 스스로가 자유롭다고 생각합니다.

성격섬들이 라일리를 라일리로 만들어준다

이러한 철학적 견해는 우리를 서글프게 할 만합니다. 사실상 우리는 자유롭지 않고 전혀 알 수 없는 메커니즘에 따라 행동한다는 뜻이니까요. 그런데 스피노자의 철학에는 〈인사이드 아웃〉을 보는 것처럼 모순적이지만 큰 기쁨을 안겨주는 울림이 있습니다.

〈인사이드 아웃〉이 의도적인 행동과 (반사적인 움직임처럼) 의도적이 아닌 신체적인 움직임을 구분할 수 없다고 생각하게 만드는 것은 사실입니다. 하지만 이런 필연성의 철학이 확실히 긍정적인 결과를 가져오기도 합니다. 인간이 자유롭지 않다면 그의 행동에 책임을 물을 수 없습니다. 책임을 행위의 원인이 되는 행위자에게 전가할 수 없다면 도덕적 판단은 있을 수 없기 때문이죠. 실제로 모든 도덕적 판단은 인간의 자유로운 행위라는 개념에 기반합니다. 도덕적인 판단이 의미를 가지려면 누군가가 무엇인가를 해야 하죠. 누군가에게 행동이 부여되어야만 합니다. 그런데 만약 우리가 책임을 전가할 수 있는 행동과 그럴 수 없는 단순한 사태를 구분할 수 없다면, 즉 사태로서의 행위 또는 신체적인 움직임에 불과한 행위와 구별할 수 없다면, 도덕적으로 판단하는 것이 가능할까요?

우리가 라일리가 가출한 것을 나무랄 수 있을까요? 부모님이 미네소타를 떠났다거나 아빠가 일로 바빠서 이제는 전처럼 함께 놀아줄 수 없다는 사실 때문에 라일리가 고통받아야

자유의지? 이 버튼은 뭐지?

할까요? 이런 슬픈 생각들은 행위자가 자유로운 선택으로 행했다는 근거가 있어야만 존재할 수 있는 겁니다. 라일리가 한 일들이 어찌 보면 그녀 없이 그녀 안에서 만들어진 일이라는 것을 이해하는 순간부터, 도덕적 토대와 함께 원망이라는 슬픔의 감정과 실망과 질투도 모두 무너지게 됩니다. 사람들은 더 이상 누군가를 탓할 수 없습니다. 우리의 행동이 마치 심사숙고한 결과로 이루어진 것으로 생각할 수 없으니 무엇에 대해서도 누군가를, 심지어는 자기 자신조차도 탓할 수 없습니다.

영화가 끝났을 때 라일리는 열두 살입니다. 그녀의 성격 섬들이 처음과는 다르죠. 아이돌섬 같은 새로운 섬이 생겼고, 이들은 또 새로운 행동을 하도록 유도할 겁니다. 이 섬들이 라일리를 라일리로 만들고, 라일리가 그녀 자신으로 존재하도록 만듭니다. 다른 이의 머릿속에 무슨 일이 일어나는지 궁금했던 적이 있으신가요? 〈인사이드 아웃〉이 대신 답해줍니다. 여러분의 정신 속에서 실제로 무슨 일이 일어나는지 궁금했던 적이 있으신가요? 여러분에게는 어떤 성격섬이 있나요?

더 알고 싶다면
바뤼흐 스피노자, 《에티카》

"이건 지구 같지 않은데… 푸른 하늘은 어디 갔지?
풀들은 어디 있는 거야?"

우리는 지구를
돌려줘야만 해

#월-E #요나스

　자, 눈을 감고 끝을 볼 수 없을 정도로 아주 거대한 쓰레기 더미를 상상해보세요. 되셨나요? 이제 그 더미를 두 배로, 세 배로 키워보세요. 되셨나요? 그렇다면 이제 행성 전체를 덮을 정도로 거대한 쓰레기 더미를 상상해보세요. 어떤 인간도 살지 않고, 표면에 흩뿌려진 폐기물 잔해 말고는 아무것도 없는 곳입니다. 자연도 없고, 나무도 없고, 동물도 없습니다. 아무런 생명이 없습니다. 정말 아무것도 없습니다.

　고독하고 매력적인 작은 로봇 월-E가 활동하는 행성은 바로 지구입니다. 그렇습니다. 우리의 아름답고 푸른 행성이 매우 망가지고 오염되면서 더 이상 살 수 없는 곳이 되자, 인류는 지구를 포기하고 떠나버렸습니다.

우리 인류는 지구에 청소 로봇들을 남겨두었습니다. 로봇들의 이름도 여기서 따온 것이죠. '지구급 폐기물 처리 화물 지게차량Waste Allocation Load Lifter-Earthclass'의 약자를 딴 것이 우리가 보고 있는 '월-E'입니다. 이 로봇들은 폐기물 잔해를 압축해서 우리가 버리고 간 무질서에 질서를 부여하는 장기 임무를 부여받았습니다. 언젠가는 우리가 돌아올 수 있도록 말입니다. 하지만 이 로봇들 중 지금까지 작동하는 것은 하나뿐입니다. 인간이 지구를 떠난 지 벌써 칠백 년이 흘렀기 때문이죠.

월-E는 지칠 줄 모르고 도시를 돌아다니면서 압축한 폐기물 큐브를 건물처럼 쌓아올리며 무질서에 질서를 부여합니다. 월-E의 세계에서 건물은 벽돌 대신 폐기물로 만들어져 있습니다. 모든 생명이 죽은 세상이죠. 인간의 흔적이라고는 Buy-n-Large(BnL)의 광고판에 나오는 얼굴뿐입니다. 항상 더 많은 소비를 하도록 부추기는 BnL의 흔적만 처량하게 남아 있었죠.

월-E가 수집하는 물건들에도 인간의 흔적이 남아있습니다. 그는 수집가의 집념으로 컨테이너로 만든 집에 수집품을 분류해두었습니다. 루빅스 큐브, 라이터, 플라스틱 오리, 낡은 비디오테이프까지 말이죠. 월-E의 즐거움이라곤 영화 〈헬로 돌리)를 보는 것이었죠! 이 영화 덕분에 그는 다정하게 손을 내미는 것처럼 타인에게 감정을 전하는 몸짓을 배울 수 있었습니다. 사막처럼 황폐한 세상에서 살아남은 유일한 존재는 월-E를 따라다니는 작은 벌레입니다. 디즈니 영화가 아니었다면 우리는 아마 겁에 질렸을 겁니다.

월-E의 삶은 지구에 내려온 로봇 이브로 완전히 뒤바뀌게 됩니다. 이브EVE는 '외계 식생 평가정Extraterrestrial Vegetation Evaluator'입니다. 이브의 임무는 인류가 지구에 돌아올 수 있는지 평가하는 것이었죠. 척박한 환경에서도 싹을 틔운 식물을 발견한 이브는 액시엄호로 돌아가 인간에게 이 소식을 전해야 했습니다. 이브를 좋아하게 된 월-E도 그 뒤를 따릅니다.

이제 우리는 지구와 떨어져 있던 인류에게 무슨 일이 있었는지 알게 될 겁니다….

오늘은 우리 액시엄호가 운행을 시작한 지 255,642일째 되는 날입니다

인류는 지구에서 도망쳐 거대한 우주선 액시엄호에 승선했지만, 점점 더 발전한 기계의 지배하에 살고 있었습니다. 기술에 종속된 인류의 모습은 지평선 끝까지 쓰레기로 가득 찬 지구의 모습만큼이나 공포스럽습니다. 혼자 일어서지도 못하는 인간들은 날아다니는 안락의자에서만 움직였습니다. 그들에게 기계의 도움 없이 식탁 위에 놓인 컵을 집는다는 건 불가능한 일이었죠. 조금의 노력도 하지 않고 살다 보니 인간들은 모두 뚱뚱해졌고 골격조차 변화했습니다.

그들은 신체적인 힘을 잃고 화면에 고정되어 살아갑니다. 그들은 결코 서로 직접 대화를 나누지도 않고 항상 화면을 통해서만 이야기합니다. 어떤 노력도 사회적인 교류도 없이, 인간들은 무기력한 살덩어리가 되었습니다. 솔직히 말하자면 그건… 인간답지 않은 모습이었죠. 무기력하고 BnL사의 굴레에 묶여 있는 최후의 인류에게는 더 이상 자신의 욕망이나 온전히 자기 것이라고 할 만한 것이 없었습니다. 그들은 그저 다른 모든 이들처럼 살아가고 정해진 기준에 따라서 옷을 입으며 절대 안락의자를 떠나지 않고 화면에서 눈을 떼지도 않았죠.

그들의 모습이 여러분에게 두려움을 주지는 않나요? 기술이 물론 훌륭한 도구기는 하지만 인간과 인간의 본질에 위협이 되지는 않을까요? 바로 이것이 디즈니와 픽사가 〈월-E〉를 통해 우리에게 던지는 철학적인 질문입니다.

행위의 결과가 인간다운 삶과 합치하도록!

이 영화를 통해 우리는 한스 요나스의 철학을 만나게 됩니다. 그는 《책임의 원칙》에서 기술의 발전과 완성이 인류에게 지금까지 없었던 윤리적인 문제를 제기한다고 주장합니다. 지금까지 자연에 대한 인간의 침해는 표면적이었고 자연의 균형을 파괴하기에는 미미했습니다. 하지만 상황이 달라졌습니다. 무한한 진보를 거친 현대의 과학기술은 자연의 균형을 무너뜨려 인류의 생존을 위협하기에 이르렀죠. 지구와 인류의 최악의 시나리오를 배제할 수 없는 때가 온 겁니다.

한스 요나스는 지금이 새로운 윤리학을 갖춰야 할 때라고 말합니다. 그는 기술의 개발과 발전이 우리 행성과 미래 세대에 대한 새로운 윤리적 책임의 자각과 함께 이루어져야 한다고 주장합니다. 이제 우리는 인간다운 삶을 영위하는 데 필요한 조건을 파괴할 수 있기 때문에, 이러한 위험으로부터 미래의 인류를 보호하기 위해 모든 노력을 기울일 의무가 있습니다.

그래서 한스 요나스는 우리의 책임 윤리Verantwortungs-ethik를 명확히 합니다. 그는 우리가 지구에서의 진정한 인간적 삶의 지속과 조화될 수 있도록 행동해야 한다고 강조합니다. 바로 그런 것이 이토록 굉장한 기술을 개발한 인류가 지켜야 하는 '책임의 원칙'입니다. 어떤 행위에 미래 인류의 존재나 본질을 위협할 수 있는 가능성이 있다면, 우리가 그런 행위를 충분히 금지할 수 있어야 한다는 것이죠. 인류가 지금처럼 살 수 있었던 것처럼 미래의 인류도 계속 살 수 있어야만 합니다. 그런데 어떤 행동들은 이런 가능성을 위태롭게 합니다. 측정할 수 없을 정도로 과도한 오염과 파괴적인 결과를 가져오는 과잉 소비는 우리가 지금 향유하는 세상을 미래 세대가 누릴 수 없게 할 수 있습니다.

'땅'이라, 그게 뭐지?

〈월-E〉는 모순적인 상황까지 제시하며 우리에게 교훈을 던집니다. 모든 인류는 타락했고, 로봇 월-E만이 진정으로 살아있는 것처럼 보이죠. 월-E는 유일하게 관객들이 자신과 동일시할 수 있는 '인물'입니다. 비록 작품에는 무수한 '인간'이 등장하고 월-E는 기계에 불과하지만, 월-E만이 '만남'이라는 단어의 의미를 이해하는 것처럼 보입니다. 사람과 관계를 맺고 '감정'을 가질 수 있는 건 월-E뿐입니다.

기계가 인간에게 인간성에 대해 알려준다니요! 비록 애

초에 인류의 쇠퇴를 야기한 것이 기술의 진보였지만 말입니다. 〈월-E〉는 이렇게 주장하면서도 조심스럽게 균형을 잡습니다. 기술을 평면적으로 죄악시하기보다는 입체적·중의적으로 표현합니다. 책임 윤리가 지켜진다면 기술은 원래의 소명대로 유용한 도구가 될 수도 있습니다. 이를테면 맥크리 선장에게 기억을 상기시켜주는 것은 컴퓨터의 기억이죠. 이때도 기계는 타락한 인간에게 지구가 무엇인지, 바다와 무도회가 무엇인지를 상기시켜 줍니다. 기계는 액시엄호를 지배하는 오토처럼 소외의 도구가 될 수도 있지만 반대로 인류에게 도움이 될 수도 있습니다.

우리 행성과 인류의 미래를 걱정하는 철학적 우화 〈월-E〉에서 디즈니-픽사는 한스 요나스의 철학을 해답으로 처방합니다. 그는 우리에게 윤리적 책임을 지키기 위해서 우리가 두려움을 느껴야 한다고 가르칩니다. 최악의 상황을 상정하는 것은 병적인 두려움이 아니라 미래 세대를 위한 일종의 배려입니다. 그러니 〈월-E〉를 본다는 것은 오락거리 이상의 것입니다. 덕분에 우리가 책임의 원칙을 마주하게 해주니 말입니다.

더 알고 싶다면
한스 요나스, 《책임의 원칙》

"점점 더 새롭고 큰 경탄과 외경으로
내 마음을 가득 채우는 두 가지가 있다.
바로 내 위의 별이 빛나는 하늘과 내 안의 도덕법칙이다."

양심이라는
마음의 소리를 따라가면

#피노키오 #데카르트 #칸트

지금 이 책을 읽는 친구들은 소원이 이루어진다는 말을 믿지 않을 거야, 그렇지? 나도 예전엔 그랬거든. 하지만 사실이야! 물론 난 벽난로나 찾아다니는 귀뚜라미지만 놀랄 만한 이야기를 하나 알고 있지. 오래전에 난 아주 조용하고 작은 마을에 갔었어. 참 아름답고 캄캄한 밤이었지. 그런데 어느 집 창에서 불빛이 흘러나오더라고. 목수 제페토의 집이었지.

정말이지 그런 곳은 처음이었어. 난생처음 보는 나무 시계들이 걸려 있었지. 또 선반에는 장난감들이 가득했는데 그중 하나가 눈에 띄지 뭐야. 진짜 사람처럼 생긴 나무 인형이었는데, 제페토가 그에게 피노키오란 이름을 지어주었어.

정말이지 꼭 살아 있는 것 같았어! 저 애가 정말 내 아들이라면 얼마나 행복할까, 제페토는 그렇게 생각했지. 잠이 들기 전에 소원의 별을 발견한 그는 이렇게 소원을 빌더군. "소원의 별님, 외로운 늙은이의 작은 소원이 이루어지게 해주소서!" 그의 소원은 귀여운 피노키오가 진짜 아이가 되게 해달라는 거였어.

일어나라! 너에게 생명을 주겠노라!

착한 제페토가 잠이 들었을 때 요정이 나타났어. 친절한 제페토는 사람들에게 기쁨을 주었거든. 그래서 요정이 그의 소원을 들어주기로 결정했나 봐. 그녀는 막대기를 피노키오에게 향하고 이렇게 말했지. "귀여운 나무 인형아, 일어나라! 너에게 생명을 주겠노라!" 그러자 나무 인형은 진짜 말하고 움직이며 걸을 수 있게 되었어. 그가 진짜 아이냐고? 에이, 그건 아니지. 이제 제페토의 소원이 이루어질 수 있는 지는 온전히 피노키오에게 달렸어. 피노키오는 남을 먼저 생각하고 용감하며 착하다는 것을 푸른 요정에게 증명해야 해. 옳고 그름이 뭔지 배워야 한다는 거야. 솔직히 쉽진 않을 듯해.

"양심이 길을 알려줄 것이다!" 나무 인형이 이렇게 물었어. "양심이 뭐예요?" 바로 내가 끼어들 차례군! 나는 피노키오에게 양심이란 마음 속에서 들려오는 아주 작은 소리고, 사람들이 그걸 들으려 하지 않아서 세상이 엉망이라고 대답해줬지. 그랬더니 푸른 요정이 나에게 피노키오의 양심이 되라는 임무를 맡겼지 뭐야. 언제나 옳고 그름을 바로 알려주고, 유혹을 만났을 때 바른 길로 인도해야 하는 막중한 일이지.

피노키오와 나는 곧바로 마음을 툭 터놓고 이야기를 나눴어. 나는 세상에 많은 유혹이 있고 처음에는 옳은 것처럼 보이지만 그른 일이 있다고 설명했지. 또 사실은 옳은 일들도 때로는 잘못된 것처럼 보일 때가 있다는 사실도 알려줬어. 잘못된 일도 어떤 때에는 옳은 일처럼 좋은 결과를 가져오고 그 반대로도 마찬가지라는 것도 말야. 이렇게 말은 했지만 사실 도덕의 길은 좁고, 그 길을 따라가는 것은 어려운 일이야.

내 안의 도덕법칙은 나에게 무한한 가치를 부여한다

데카르트는 《철학의 원리》에서 바로 그 점이 기계와 인간의 차이라고 말했습니다. 기계는 자유의지가 없기 때문에 도덕적 판단의 대상이 될 수 없습니다. 그의 행위는 좋은 것도 나쁜

#피노키오 #데카르트 #칸트   **191**

것도 아닌 그저 기계적인 겁니다.

시계가 시간을 잘못 알려주었다고 탓하거나 반대로 제대로 알려주었다고 칭찬하는 건 이상하지 않나요? 기계를 탓하거나 칭찬하는 일이 있다고 해도 그건 사실 기계의 제작자, 즉 인간을 탓하거나 칭찬하는 겁니다. 예를 들어 누군가가 제페토에게 산 나무 시계가 금방 고장 났다고 할 때 제페토를 탓하는 것이나, 반대로 그 시계가 잘 작동할 때 그를 칭찬하는 것은 합당한 판단입니다. 기계가 제대로 작동하거나 오작동하는 일은 기계의 의지에 달려있지 않으니까요. 기계는 우리를 불쾌하기 위해서 작동을 그만두겠다고 말하거나 반대로 우리를 만족스럽게 하기 위해 시간을 말해주는 것도 아니니 말이죠. 기계는 그냥 아무 말도 하지 않습니다. 기계는 의지라는 게 없죠.

반대로 인간에 대해서는 옳거나 그르게 행동한다고 말할 수 있는데, 그건 우리가 인간이 자기 행위의 주인이라고 인정하기 때문입니다. 즉 특정한 행위는 행위자의 의지에 기인하는 것이죠. 인간은 선과 악을 선택할 수 있습니다. 오직 인간만이 도덕에 대한 의식과 양심을 소유하고 있습니다. 우리는 의무를 다하려고 어떤 행동을 선택한 사람을 칭찬하곤 하죠. 이는 반대로 그가 그렇게 하지 않는 쪽을 선택할 수도 있었다는 뜻이

양심이라는 마음의 소리를 따라가면

기도 합니다. 기계는 특정한 메커니즘에 따라 작동하지만 이에 비해 인간은 자유롭습니다. 기계에는 어떤 책임도 없지만, 인간의 행위는 도덕적 기준에 따라 판단됩니다.

인간의 자유는 완전합니다. 인간은 선한 일을 할 수도, 악한 일을 할 수도 있습니다. 피노키오의 선택이 선악을 넘나드는 걸 보면 이는 분명합니다. 하지만 그를 인간으로 만들어준 것은 도덕적인 행위를 선택했다는 사실입니다(위험을 무릅쓰고 제페토를 구해낸 것 말이죠). 덕분에 그가 완전한 인간이 될 수 있지 않았나요? 도덕적 '능력'을 갖추는 것만이 아니라 실제로 도덕적인 '선택'을 하는 것 말이죠. 푸른 요정의 교훈은 바로 이런 겁니다.

그리고 이것은 칸트의 교훈이기도 합니다. 그도 인간이 어니스트 존 같은 동물 및 기계와 구분된다고 보았습니다. 인간만이 도덕적 역량을 갖고 있기 때문이죠. 도덕법칙을 소유하고 있다는 것은 인간에게 무한한 가치를 부여합니다. 바로 그런 점에서 인간은 동물 및 다른 감각적 세계와 구분됩니다. 일반적인 사물은 맹목적으로 종속된 법칙에 따른 외부 원인에 의해 규정되지만, 인간은 자유롭게 스스로를 규정합니다.

오직 인간에게만 칸트가 말한 '도덕법칙'이 있습니다. 작지만 듣지 않을 수 없는 지미니 크리켓의 목소리처럼 말이죠. 자신의 인간성을 완성하는 것은 도덕법칙의 소리에 귀를 기울이는 일입니다. 인간성을 완성하는 길은 가능한 한 많은 도덕적인 행위를 하면서 좁은 의무의 길을 따라가는 겁니다. 나를 자연 및 기계와 구분해주는 것, 그리고 그 가능성을 현실화하는 선택을 하는 것. 바로 이것이 피노키오에게 주어진 시험입니다.

남을 먼저 생각하고 착하게 산다면 진짜가 될 수 있어

이 시험은 그렇게 쉬운 것이 아닙니다. 어느날 피노키오는 학교에 가다가 어니스트 존을 만납니다. 그는 피노키오에게 배우의 자질이 있다면서 연예계의 삶이 얼마나 좋은지 예찬하다시피 합니다. 모든 손가락에 다이아몬드를 낄 수도 있다는 말에 피노키오는 깜빡 속아 넘어갑니다. 그는 스트롬볼리의 극단에 들어가고 감금되어버립니다.

그러자 푸른 요정이 나타나서 그에게 다시 기회를 주지만… 피노키오는 그 기회 역시 날려버립니다. 이번에는 착한 아이로 살겠다고 굳게 마음을 먹지만 다시 어니스트 존을 만납니다. 그는 이번에는 피노키오가 병에 걸렸다고 믿게 하고 유일한 치료법은 오락의 섬에서 쉬는 것이라고 하죠. 오락의 섬은 말썽꾸러기들이 매일 놀기만 하는 곳입니다. 그곳으로 떠난 피노키오는 다른 아이들처럼 당나귀로 변해버립니다. 우리가 영혼을 가꾸지 않고 의무와 도덕의 길에서 멀어지면 짐승이 되어버린다고, 〈피노키오〉는 칸트와 함께 말하는 것 같습니다.

제페토가 그를 찾아 나섰다가 몬스트로라는 고래에게 잡아 먹혔다는 것을 알게 된 피노키오는 크나큰 위험을 무릅쓰고 그를 찾아 나섭니다. 그는 아빠인 제페토뿐만이 아니라 아기 고양이 피가로와 사랑스런 금붕어 클레오도 구해내죠. 피노키오는 그들을 위해 자기 생명을 던지는 선택을 했습니다. 마침내 그가 올바른 길을 찾은 겁니다. 그러자 푸른 요정이 등장합니다. 피노키오가 타인을 먼저 생각하고 자신이 용감하고 착하다는 것을 증명했기에, 그녀는 그를 진짜 아이로 만들어줍니다.

놀랄 만한 기술의 진보가 이루어진 지금, 〈피노키오〉는 한참 전에 인간과 기계 사이에 분명한 선을 드러냈습니다. 인간과 기계는 도덕적 역량이란 경계선에서 구분할 수 있고, 그것은 의식, 즉 양심을 소유함으로써 가능해집니다.

더 알고 싶다면

르네 데카르트, 《철학의 원리》

이마누엘 칸트, 《도덕 형이상학의 정초》·《실천이성비판》

6장.
의식, 정체성, 자유

"나는 그런 곳을 찾아갈 테야!"

"노력하면 더 나은 세상을 만들 수 있어요.
내면을 들여다보세요. 그럼 알게 되겠죠.
변화의 시작은 당신이고 바로 나라는 걸."

모든 걸 시도하고 선택해봐

#주토피아 #사르트르

　토끼가 경찰이라고? 속이 좁은 이에겐 불가능한 것으로 보일지도 모릅니다. 하지만 주토피아에서는 누구나 뭐든 될 수 있죠. 그곳에서는 각자에게 수많은 가능성이 주어집니다. 미리 정해진 종의 정체성에 따라 할 일을 정하지 않아도 되죠. 그러니까 양이라고 해서 겁쟁이처럼 무리에 숨어 있을 필요도 없고… 우주비행사를 선택할 수도 있죠! 마찬가지로 호랑이는 고독한 사냥꾼 대신 수학 선생님이 될 수 있습니다! 그러니 어쩌면 토끼도 홍당무 농부가 아닌 경찰이 되어 세상을 좀 더 안전한 곳으로 만드는 데 기여하는 쪽을 선택할 수도 있습니다.

　바로 그게 토끼굴에서 자란 토끼, 어린 주디의 꿈이었습니다. 그는 홍당무의 날 장기 자랑에서 무엇이든 될 수 있는 가능성의 도시인 주토피아를 다룬 연극을 상연합니다. 그리고 연극에서 경찰이 되겠다는 자신의 꿈을 발표합니다. 그의 부모는 한숨을 푹푹 쉬고 다른 동물들은 비웃었지만요.

그녀는 작은 토끼일 뿐이고 일반적인 토끼의 미래는 홍당무를 키우는 농부가 되는 겁니다. 그렇게 가냘프고 허약하면서 난폭한 범죄자들을 상대로 뭘 할 수 있을까요? 연극이 끝나고 그의 부모는 경찰의 꿈을 포기하라고 주디를 설득합니다. 경찰관이 되는 건 무척 힘들고, 솔직히 불가능한 일이라면서요. 그들의 설명처럼 태생의 조건에서 오는 한계를 인정하는 게 행복의 비결이기도 합니다. 그의 아빠는 몇 가지 교훈을 주며 그들이 꿈을 포기하고 토끼굴에 정착했기 때문에 항상 행복할 수 있었다고 합니다. 첫째, 자신이 지금 있는 자리에 만족할 줄 알아야 한다. 둘째, 새로운 일을 하려고 시도하지 않으면 결코 실패할 일도 없다. 이런 교훈을 따르면 결코 불행해질 일이 없습니다! 마지막으로 그들은 지금까지 토끼 경찰은 없었다는 단순한 사실을 덧붙입니다. 토끼 경찰은 없었죠. 지금까지 단 한번도. 하지만 헛수고였습니다. 어린 주디는 이렇게 대답합니다. "그럼, 제가 처음으로 해볼래요."

주디는 주어진 틀에 갇히는 것을 거부하고 다른 이에게 좋은 것이 자신에게도 좋다는 생각을 거부합니다. 수년 후 주토피아에서 경찰로 근무하게 된 주디는, 출근 첫날 여우가 불공정한 대우를 받는 피해자라고 생각하고 그의 편을 듭니다. 다들 여우에게 도둑의 본성이 있다고 생각했습니다. 여우라면 당연히 교활하고 속임수를 쓸 것만 같았죠. 그래서 아이스크림 가게의 코끼리는 여우에게 아이스크림을 팔지 않습니다. 왜 다들 그런 고정관념에 얽매어 있는 걸까요? 주디는 어떤 종의 본성이 누군가의 정체성을 형성하는 건 아니라고 생각합니다. 오직 우리가 무엇이 되고자 선택하는지, 그것만이 중요하죠. 오직 용기와 의지만이 우리의 한계를 결정합니다.

주디처럼 우리가 완전히 자유롭게 스스로 선택할 수 있다고 생각하는 것이 이성적일까요? 그것도 우리를 규정하는 모든 조건을 무시할 수 있다고 생각하는 것이 합리적일까요? 아니면 주디의 부모처럼 좀 더 운명론적인 지혜에 기대는 것이, 아니면 주디의 부모처럼 운명론의 지혜를 받아들이는 것이, 그러니까 생물학적 본성 같은 것이 우리 자유를 제한하므로 그런 사실을 애써 무시할 수는 없다는 입장이 더 그럴싸한가요? 우리 정체성은 부여된 것일까요, 아니면 선택의 결과일까요? 우리가 스스로 무엇이 될지 선택한 것인지, 아니면 생물학적 정체성에 의해 형성된 것인지도 생각해볼 문제입니다.

분명히 생물학적인 측면이 있다

많은 이들이 주디가 자유를 향해 가는 길을 막아섭니다. 그들은 주디의 의지주의에 반대하며 결정론 철학을 지지했죠.

첫 번째 장애물은 기디온 그레이입니다. 주디가 장기 자랑에 올린 연극을 비웃은 꼬마 여우였죠. 그는 관객석에서 토끼 경찰이 말이 되냐고 소리쳤습니다. "자기가 뭐라고 세상을 바꿀 수 있다고 믿는 거야?" 여우인 그의 DNA에는 사냥 본능이 있다네요. 자연의 본성에 따르면 토끼는 약하고 여우는 강하다는 겁니다. 그녀를 난폭하게 땅에 내던지면서 자기 견해가 사실임을 보여준 기디온은 주디에게 이 순간을 기억하라고 말합니다. "넌 홍당무 농사나 짓는 멍청한 토끼일 뿐이야!" 하지만 그런 말로는 주디를 멈출 수 없었죠.

두 번째는 주토피아 경찰학교였습니다. 주디는 주토피아의 열두 생태계에 적응해야 했습니다. 교육을 받는 동안 점점 더 어려운 훈련이 이어졌습니다. 삼백 미터 높이에서 추락, 꽁

모든 걸 시도하고 선택해 봐

꽁 언 얼음벽 올라가기, 거대한 흉악범과 상대하기까지. 각각의 훈련에 실패할 때마다 교관들도 매번 반복합니다. "다 관두고 그냥 집에 가, 털보 토끼." 이런 종용도 주디의 의지를 꺾을 수 없었습니다.

마침내 경찰이 된 그녀는 뚱뚱하고 도넛을 좋아하는 치타 벤자민 클로하우저의 안내를 받습니다. 자신도 고정관념의 피해자면서 주디가 도착하자마자 그녀를 종의 본성에 맞추어 규정합니다. 저 불쌍한 작은 토끼는 산채로 잡아먹히고 말 거라고요. 여태껏 토끼 경찰은 하나도 없었으니까요. 보고 서장 역시 경찰학교 시험에서 좋은 성적을 거둔 주디를 주차 단속 임무에 배정합니다. 그녀가 진짜 경찰 일을 달라고 항의하니, 그는 뮤지컬 애니메이션처럼 노래만 부른다고 꿈이 저절로 이뤄지지 않는다고 답하죠. 그러니 그냥 포기하라고 충고합니다.

닉 역시 같은 생각입니다. 그는 주디의 미래를 비관적으로 바라봅니다. 촌뜨기에 불과한 그녀는 원대한 꿈과 계획을 품고 주토피아에 왔지만, 막상 주토피아가 생각보다 멋진 곳이 아니라는 것을 깨닫습니다. 주디는 경찰이 되어서 행복했지만 겨우 주차 단속이나 하고 있고, 무엇보다도 아무도 그녀의 꿈 따위에 관심도 없다는 것을 알게 됩니다. 그래서 꿈도 시들해지고 다리 밑에서 살게 되죠. 이대로 가다가는 결국 고향으로 돌아가 홍당무 농부가 될 테죠. 많은 동물들이 자신의 꿈을 이루겠다고 주토피아에 오지만, 닉이 보기엔 헛된 짓입니다. 타고난 본성은 바꿀 수 없으니까요.

닉의 비관론은 경험에서 비롯되었습니다. 여덟 살인가 아홉 살 때, 닉의 소원은 레인저 스카우트가 되는 것이었습니다. 그의 엄마가 돈을 긁어모아 그에게 멋진 새 유니폼을 사주었죠. 이제 그도 무리의 일원이 될 수 있었습니다! 정말 자랑스러웠죠! 닉은 입단식에서 용감하고 충실하며 도움이 되고 믿음직스런 친구가 되겠다고 맹세합니다. 하지만 친구들은 그 말을 믿지 않았죠. 닉에게 입마개를 씌우고 모욕했습니다. 그들은 절대 입마개가 없는 여우를 믿지 않을 거라고 했죠. 이런 비극적인 경험을 겪고 닉은 좌절했습니다. 세상이 여우를 교활하고 믿을 수 없는 짐승으로 생각한다면, 굳이 다르게 보이려고 애쓰는 것이 무슨 소용이 있겠습니까? 자기의 본성에서 벗어날 수 없는 노릇이었죠. 본성에서 벗어날 도리가 없습니다. 아무리 자기가 본성이란 굴레에서 벗어난다고 해도 타인이 본성을 상기시키며 다시 굴레를 씌울 테니까요.

〈주토피아〉에서 벌어진 사건은 액자처럼 주디의 문제의

식과 중첩됩니다. 포식자 위치의 동물 열네 마리가 실종되었습니다. 실종된 동물들을 찾아낸 주디는 그들이 모두 야수가 되어버렸기 때문에 시장의 감옥에 갇혀 있었다는 사실을 알아냅니다. 이 현상을 어떻게 설명할 수 있을까요? 포식자들은 DNA의 한 요소 때문에 공격적으로 변한걸까요? 그렇다면 이 개별자들을 하나의 본성으로 묶어서 규정할 수 있을까요? 놀랍게도 주디 역시 잠깐이지만 그렇다고 생각했습니다. 그런 짓은 개인을 종의 정체성에 종속시키는 일이고, 그야말로 자유를 배신하는 것이며, 주토피아의 정신에 위배되는 일이라는 사실을 이해하기 전까지는 말이죠.

실종됐던 동물을 발견한 후 열린 기자회견에서, 동물들이 야수가 된 이유를 묻는 기자들의 질문에 주디는 어쩌면 생물학적 요소 때문일 수 있다고 대답합니다. 그들의 DNA에 문제가 있을 수 있다는 말이죠. 지금으로부터 수천 년 전 포식자들이 살아갈 수 있었던 것은 공격적인 사냥 본능 덕분이었습니다. 그들은 이제 원시적인 야수로 돌아간 것만 같았죠. 이런 본질주의자 같은 발언에 경악한 닉이 화를 내자 주디는 심지어 이렇게 말합니다. "토끼가 야수가 된다고 한 건 아니라고!" 주디 자신도 개인을 생물학적 본성으로 환원시키는 본질주의의 편견에서 자유롭지 못합니다. 비록 주디의 삶 전부가 그런 편견에 맞선 투쟁이었음에도 불구하고 말이죠.

인간은 스스로 만들어가는 것 외에 어떤 것도 아니다

기디온 그레이부터 경찰학교 동물들, 벤자민, 닉과 주디의 부모까지 모두 장폴 사르트르의 《실존주의는 휴머니즘이다》를 한번 읽어보는 것이 좋겠습니다. 이 영화 전체가 이 프랑스 철학자의 사상에 바치는 오마주처럼 보이기 때문이죠. 비록 사르트르의 철학은 사물이 아닌 인간으로 국한했지만, 디즈니의 의인화된 동물에도 충분히 적용할 수 있을 겁니다.

그의 말을 들어봅시다. 우리 각자는 생물학적·사회적·심리적 조건을 갖습니다. 우리를 특징짓는 이 조건들을 사르트르는 '상황situation'이라고 부릅니다. 우리 각자에게 상황이 있죠. 주디는 토끼굴 출신의 토끼이자 홍당무 농부의 딸이며 274마리 홍당무 농부들의 자매입니다. 그러나 이 상황은 사르트르에 따르면 결코 결정적인 요소가 아닙니다. 상황에 의미를 부여하는 것은 우리입니다. 우리가 한계를 설정하거나 수단으로 만드는 선택을 합니다. 우리가 상황에 부여하기로 선택한 의미 외에는 그 어떤 것도 의미가 없습니다. 상황은 본성을 의미하지 않습니다.

그의 말에 따르면 본성이란 약한 자들, 도전하지 않는 자들의 도피처입니다. 실패할 것이 두렵거나 이미 실패한 후, '상황'이란 결정적인 요소 때문에 실패할 수밖에 없다며 거듭 도전하지 않는 자들이 숨는 곳입니다. 주디의 부모를 예로 들어보죠. 그들은 단숨에 꿈을 포기하고 본성이란 핑계에 굴복하는 쪽을 택했습니다. 그들은 '토끼굴' 출신의 토끼니까 홍당무 농부가 되어야 합니다. 그렇게 해서 실패를 피할 수 있었지만 그들은 그저 살아가는 것으로 만족하게 되었죠. 하지만 실존existence은 그보다 중요한 겁니다. 실존한다는 것은, 스스로 선택하고 자신이 스스로를 정의하는 유일한 주인이란 책임에 충실한 인간만이(여기서는 동물만이) 갖는 특권입니다.

사르트르가 '자기에 대해 있는 것pour-soi', 즉 '대자'라고 부르는 것은 사물과는 달리 앞서 그것을 발생시킨 본질이나 기능에 고정되어 있지 않습니다. 사르트르는 이걸 '실존은 본질에 앞선다'라고 표현합니다. 이는 우리가 처음에는 아무것도 아닌 무無의 상태라는 뜻입니다. 즉 아직 정의되지 않고 닫혀 있지 않은, 아직 어떤 일도 일어나지 않은 상태죠. 우리는 우선

실존하고, 그다음에 스스로를 정의합니다. 그리고 우리는 스스로를 우리가 선택한 대로 정의합니다. 우주인 양, 수학선생님 호랑이, 경찰 토끼처럼요!

그에 따르면 우리에게 결정론이 주장하는 것 같은 본성은 없습니다. '본성'이란 핑계 뒤에 숨는 것은 우리의 무한한 자유를 은폐하는 일입니다. 주토피아는 유토피아가 아닙니다. 주토피아는 자기에 대한 자유, 대자적 자유의 또 다른 이름입니다.

누구나 원하는 뭐든 될 수 있다

물론 자신의 '상황'을 극복하려면 실패할 위험을 감수해야 합니다. 주디는 실패할 수도 있죠. 하지만 시도조차 해보지 않는 것이야말로 가장 확실한 실패 아닐까요? 〈주토피아〉는 가젤이 부른 〈최선을 다해〉에 계속 시도하고 끝까지 도전해야만 한다는 핵심 주제를 담았습니다. 자신을 스스로 정의하려고 노력하지 않는다면, 존재하지 않는 것과 마찬가지라는 주장처럼 들리죠. 본질 속에 우리를 가두려는 자들에게 굴복한다면 반드시 실패할 겁니다. 단순히 존재하는 것이 아니라 더 나아가 '실존'하기 위해서 모든 것을 시도해야 합니다.

그런 의미에서 경찰학교로 출발하던 날 우리가 두려워할 것은 두려움뿐이라고 말하는 주디는 아주 지혜롭다고 볼 수 있습니다. 두려움은 의지를 마비시키고 행동의 실현을 방해합니다. 또 이미 만들어진 범주 뒤에 숨거나 정해진 길로만 가도록 우리를 압박하죠.

　　그러니 곰, 사자, 늑대를 두려워할 것이 아니라 그들을 두려워하는 것을 두려워합시다. 그들의 생물학적인 존재가 난폭하거나 포악한 것이 아닙니다. 기디온 그레이는 그저 찌질한 여우일 뿐이니까요. 뭐, 찌질한 토끼도 분명 있지 않을까요? 그리고 바로 그 기디온이 영화 후반에서는 파티시에가 되었고, 부족한 자신감을 타인을 괴롭히며 채웠다면서 철없던 어린 시절에 대해 주디에게 사과합니다.

　　이제는 아시겠죠. 〈주토피아〉는 인간 자유에 대한 사르트르의 철학을 보여줄 뿐 아니라, 관용과 타자에 대한 인정 그리고 환대가 무엇인지 가르쳐 줍니다.

더 알고 싶다면
장폴 사르트르, 《실존주의는 휴머니즘이다》

"제 말은 사실입니다.
누구나 요리를 할 수 있지만
진정한 천재는
용기있는 사람 중에서 나옵니다."

누구나 요리를,
아니 천재가 될 수 있다!

#라따뚜이 #플라톤 #칸트 #니체

다른 나라는 아니라고 우길지 모르겠지만, 세상에서 가장 맛있는 음식은 파리에서 만들어지는 프랑스 음식입니다. 그런 파리에서도 최고의 요리는 요리사 구스토가 만들죠.

파리의 명물인 구스토 레스토랑에서 식사를 하려면 5개월 전부터 예약해야 합니다! 그러니 경쟁자들의 배가 좀 많이 아프죠…. 게다가 구스토는 만인의 찬사를 받은 최연소 천재 요리사였습니다. 그가 쓴 요리책《누구나 요리할 수 있다》는 베스트셀러가 되었죠. 구스토에겐 '재능은 노력을 통해 얻는 것'이라는 명확한 철학이 있습니다. 자신 또한 천재가 아니며 요리의 소질을 타고나지는 않았다고 합니다. 누구도 탁월해질 기회에서 선험적으로 제외되지 않으며, 거기에 도달하려고 시도하는 자에게 탁월함이 주어지는 것이죠. 구스토도 '천재'란 표현을 쓰기는 하지만, 그는 용기와 노력으로 이 칭호를 얻을 수 있다고 믿었습니다. 천재는 소질과 무관하다고 하죠.

모든 사람이 구스토의 철학에 동의하는 것은 아닙니다. 특히 파리 요식업계의 저명한 음식비평가 안톤 이고는 구스토의 요리책 제목과 책에 담긴 철학을 비웃습니다. 이고가 보기에 가장 기막힌 일은 구스토가 정말로 자기 철학을 확고하게 믿고 있다는 사실이었죠. 이름부터 나르시시즘이 드러나는 안톤 이고Ego에게 요리는 심오한 것이고 중요한 예술이며, 요리의 성공은 타고난 소질에 달려있습니다. 누구나 요리할 수 있다고? 아니, 아무나 요리를 할 수는 없지. 그는 요리를 아예 안하는 편이 나은 사람도 있다고 보았습니다.

〈라따뚜이〉의 주인공 레미는 TV에서 구스토를 알게 되었고, 구스토의 요리 프로그램을 모두 찾아보았습니다. 《누구나 요리할 수 있다》를 읽기 위해 글을 배우기로 결심했습니다. 그는 구스토의 충고를 문자 그대로 따랐습니다. 요리에 대한 조언은 물론, 더 일반적인 원칙까지도 따랐죠. 구스토의 말대로라면 훌륭한 재료는 우리 주변에 널려 있습니다. 그걸 깨닫고 음미하

누구나 요리를, 아니 천재가 될 수 있다!

려 애써야 하고, 관점을 바꿔야 했습니다. 레미는 바로 실천에 옮깁니다. 여러 맛에 담긴 시각, 후각, 미각을 단련한 그는 조금씩 새로운 요리를 하기 위해 재료 다루는 법을 익힙니다.

그의 꿈이요? 단연 세상에서 가장 위대한 레스토랑과 훌륭한 요리사들이 모인 파리에 가는 것이었죠! 자신도 그중 하나가 되기를 꿈꿉니다. 구스토를 만나고 요리에 대한 열정을 깨달은 후, 그는 언제나 열심히 일하고 운이 조금 따라주면 언젠가 재능을 인정받을 날이 오리라 생각했습니다.

그렇긴 하지만 문제가 하나 있습니다. 레미는… 쥐…입니다! 디즈니가 이 동물을 선택한 건 도박이었습니다. 어린 사슴 밤비나 꼬마 사자 심바처럼 귀족 같은 아우라가 있는 동물과는 달리 쥐는 처음부터 모두의 기피 대상이니 말이죠.

영화 〈라따뚜이〉는 천재가 실제로 존재하는지, 아니면 끝없는 노력이라는 현실을 은폐하는 환상에 불과한지에 관한 철학적 질문을 제기합니다. 일상적인 의미에서 '천재'는 곧 재능을 말합니다. 재능이 있는 사람도 있지만 없는 사람도 있죠. 그건 어쩔 수 없습니다. 엘리트주의적인 발상이긴 하지만 노력만으로 타고난 재능을 따라잡기에는 역부족입니다. 선택받은 소수가 있고, 그 외에 선택받지 못한 다수가 있을 뿐이죠. 그런데 노력으로 재능을 만들 수 있다면 우리 모두는 예술가가 될 수 있습니다. 화가, 영화감독, 요리사까지 말이죠! 오직 중요한 것은 의지와 끈기, 그리고 시간입니다. 누구나 예술가가 될 수 있습니다.

디즈니는 〈라따뚜이〉를 통해 모두를 위한 가능성의 철학을 보여줍니다. 가능성을 믿고, 또 원해야 하죠. 월트 디즈니 본인이 "꿈을 끝까지 추구할 용기가 있다면 꿈들은 모두 실현될 수 있다"라고 말했으니까요. 바로 그 점이 〈라따뚜이〉의 교훈입니다. 비록 소외된 자라도, 태생부터 이미 실패가 예견돼 보여도, 꿈을 꾸고 꿈을 이룰 수 있습니다.

누구나 요리할 수 있다!

레미의 행운이라면 그의 가족이 살던 집주인이 위대한 요리사 구스토의 책을 가지고 있다는 점입니다. 레미는 이 책을 아주 주의 깊게 읽었는데, 글을 읽을 수 있다는 사실 자체가 그의 형 에밀에겐 깜짝 놀랄 만큼 어려운 일이었죠. 하지만 레미는 요리에 대한 열정에 불타고 있고, 요리 방법을 알려주는 이 책은 그의 열정에 불을 지필 열쇠가 될 터였습니다. 게다가 레미는 매일 저녁 집주인과 같은 시간에 구스토의 프로그램을 놓치지 않고 챙겨봤습니다. 책과 텔레비전이 곧 레미의 학교였죠.

파리에 도착했을 때 그는 이미 만반의 준비가 되어 있었습니다. 이고의 신랄한 비평으로 별을 하나 잃어버리자 너무 상심한 나머지 죽어버린 구스토의 유령이 레미를 자기 레스토랑으로 안내했습니다. 거기서 그는 사고치기 일보 직전인 신입 링귀니를 목격합니다. 링귀니는 나름 수프를 만들겠다고 했지만, 그 결과가 너무 참혹해서 레미가 개입해야 했습니다. 레미는 손님에게 서빙되기 일보 직전에 가까스로 맛있는 수프로 변신시켰죠. 링귀니는 쥐 한 마리가 레스토랑의 명성을 지키는 모습에 충격을 받습니다. 그렇지만 레미가 있다는 사실이 알려지면, 비위생적이란 이유로 레스토랑은 문을 닫게 될 터였죠!

링귀니는 자신이 요리에 아무 소질이 없다는 걸 잘 알고 있습니다. 그는 사실 구스토의 진짜 아들이지만요. 반대로 레미에겐 재능이 있었습니다. 그래서 링귀니는 동맹을 맺습니다. 레미는 링귀니의 모자 밑에 숨어서 그의 몸짓을 조종하고 구스토 레스토랑에서 짤리지 않도록 도와줄 겁니다. 레미가 얻는 것이라면? 그는 자기 모습을 드러내면 결코 실현할 수 없는 열정을 발휘할 수 있게 되죠. 그들은 함께 점점 더 많은 손님의 호평을 받고 구스토 레스토랑의 명성을 다시 키워나갑니다.

#라따뚜이 #플라톤 #칸트 #니체

링귀니는 큰 성공을 거둡니다. 하지만 사실 그는 교육도 전혀 받지 않았습니다. 기자들은 그의 비결이 궁금했죠. 그러자 그는 자신이 구스토의 아들이니까 천재의 DNA가 있다고 답합니다. "그렇다면 어디서 영감을 얻으시죠?" 이어지는 질문에, 링귀니는 콜레트에게서 영감을 얻는다고 답합니다.

우리의 자기애가 천재에 대한 숭배를 조장한다

링귀니의 이런 답변은 천재는 하늘이 정해준다는 아주 오래된 이론을 답습한 겁니다. 플라톤은 예술가가 신으로부터 영감을 얻어 황홀경의 상태에서 창조한다고 주장했습니다. 칸트역시 천재는 학습의 결과가 아니라 정신의 타고난 자질이라고 생각했습니다. 칸트에 따르면 예술가 자신도 어떻게 작품을 구상했는지 정확하게 분석할 수 없습니다. 그러니 원하는 대로 작품을 만들 수 있는 것도 아니고, 타인에게 창작을 가르칠 수도 없습니다. 예술가 자신도 창조의 비밀을 모릅니다.

〈라따뚜이〉의 교훈과 니체의 생각은 전혀 다릅니다. 니체와 레미에 따르면, 불현듯 떠오른 직관이나 영감으로 창조적인 활동이 이루어진다는 것은 창조가 무엇인지 전혀 모르는 사람의

누구나 요리를, 아니 천재가 될 수 있다!

생각입니다. 니체가 재미있게 생각하는 점은, 사람들이 예술 작품이나 멋진 요리의 착상이 마치 신의 은총이 하늘에서 떨어지듯 갑자기 나타나는 것으로 간주하려 한다는 사실입니다. 실제로 모든 예술가는 훌륭한 것과 별 볼 일 없는 것을 모두 창조합니다. 하지만 체계적이고 끈질긴 훈련으로 갈고 닦은 판단력을 통해 이들을 선택하고 고르며, 덜어내고 합치죠. 이는 전설적인 음악가 베토벤이 남긴 메모만 봐도 알 수 있습니다. 그는 조금씩 더 좋은 멜로디를 작곡했고, 이를 작곡하기 위해 수차례 시도해야 했습니다. 모든 예술가는 굉장한 노력가로서, 지치지 않고 몇 번이나 도전한 후에야 비로소 작품을 창조하게 되는 거죠.

하지만 그렇다면 왜 '천재'라는 개념을 계속 믿는 걸까요? 어째서 칸트나 이고는 모든 사람이 예술가가 될 수 없다고 주장하는 걸까요? 니체는 이렇게 답합니다. '천재'라는 개념에는 우리의 게으름과 비겁함이 담겨 있고, 이는 곧 아주 편리한 핑곗거리가 됩니다. 우리 각자는 보통 스스로에게 관대한 편이지만, 그렇다고 해도 회화가 우리 전공이라고 라파엘로처럼 그릴 수 있을 것이라 기대하지 않습니다. 셰익스피어처럼 작품을 쓸 수 있다고 생각하지도 않을 뿐더러 구스토처럼 요리할 수 있다고 생각하지 않습니다! 그래서 그런 예술 작품과 창작물에 드러난 재능이 하늘이 내려준 기적이라고(신앙심이 있다면 신의 은총이라고) 우리 자신을 설득하는 것이죠. 천재 개념을 믿으면 자존심을 지킬 수 있습니다. 타고난 천재성의 결과라고 해야 다른 이들의 업적이 우리에게 상처가 되지 않습니다.

우리가 정직하게 이 작품들이 끈질긴 노력의 결과라는 점을 인정하면, 아름다운 작품들을 만들기 위해 필요한 노력을 하지 않은 스스로를 탓하게 됩니다. 하지만 그것이 '천재'가 남긴 것이라고 하면 마음이 한결 편해지죠! 니체는 누군가를 '하늘이 내린 천재'라 하는 것은 곧 '굳이 경쟁하거나 비교할 필요가 없다'고 하는 것과 같다고 주장했습니다.

위대한 예술가는 어디에서든 나올 수 있다

〈라따뚜이〉는 자신을 믿고 시도하는 패기를 가지라고 말합니다. 재능이란 누군가에게만 주어져 다른 사람은 가질 수 없는 것이 아닙니다. 재능은 용기와 근성에 달려있습니다.

위대한 요리사 구스토의 요리 철학은 일상적인 삶에도 교훈을 줍니다. "마음이 약하면 요리를 잘할 수 없어요. 상상력도 풍부하고 배짱도 있어야 하죠. 실패하더라도 과감한 시도를 해봐야 합니다. 그리고 누구도 출신으로 여러분을 얕볼 수 없습니다. 여러분의 한계는 곧 마음이 정하는 겁니다. 하나 확실하게 말씀드리죠. 요리는 누구나 할 수 있지만 진정한 천재는 오직 용기있는 사람 중에서 나옵니다." 구스토의 비결은 니체가 제시한 상상력과 대담함입니다. 이 철학은 결국 이고마저 설득시킵니다. 그의 영혼 깊은 곳을 송두리째 흔들어놓을 정도로 기막힌 음식을 요리한 것은 바로 쥐 한마리였습니다.

이전까지 이고는 구스토의 모토, '누구나 요리할 수 있다'를 노골적으로 조롱했습니다. 하지만 레미의 요리를 맛본 뒤, 그는 구스토의 말을 이제야 이해하게 됩니다. 누구나 위대한 예술가가 되는 건 아니죠. 하지만 위대한 예술가는 어디에서든 나올 수 있습니다. 지금 구스토에서 요리하는 그 천재 요리사보다 출신이 미천할 수는 없을 겁니다. 하지만 이고는 레미가 프랑스 최고의 요리사라고 단언합니다. 그리고 그는 입맛을 다시며 구스토 레스토랑을 다시 방문할 겁니다.

더 알고 싶다면
플라톤, 《이온》
이마누엘 칸트, 《판단력비판》
프리드리히 니체, 《인간적인, 너무나 인간적인》

"내가 만나게 해줄게, 이 라피키가 안내를 하지."

발발이 치와와, 운명의 수레바퀴 아래서

#라이온 킹 #사르트르 #플루타르코스 #에픽테토스

무파사 대왕은 아들 심바를 왕국 전체에 소개합니다. 그는 심바에게 미묘한 조화를 이루는 법칙에 복종하라고 가르칩니다. 왕으로서 그는 이 조화를 이해하고 조그만 개미부터 커다란 들소까지 모든 동물을 존중해야 합니다. 그에 따르면 사자는 들소를 잡아먹지만, 사자가 죽으면 몸이 썩어서 풀이 되고 들소는 그 풀을 먹고 삽니다. 이렇게 모든 동물은 순환하는 자연의 섭리로 연결되어 있습니다. 그는 권력도 태양처럼 뜨고 지고를 반복한다고 말해줍니다. 언젠가 무파사를 비추던 빛이 사라지면 심바가 새로운 왕으로 떠오를 겁니다.

심바는 아직 어리지만 그가 갈 길은 이미 정해져 있는 것처럼 보입니다. 순환하는 위대한 자연의 섭리 속에 그의 자리 역시 결정되어 있었죠. 그가 탄생한 순간부터 그는 쏟아져 내리는 빛줄기 속에서 왕의 아들이자 미래의 왕으로 왕국의 동물들에게 소개되었습니다. 그러면 어린 심바의 삶은 온전히 그의 것이라고 할 수 있을까요? 심바의 역할이 이미 정해져 있다면 그가 자유롭다고 할 수 있을까요?

몇 년 후 심바는 친구 티몬과 품바와 함께 밤하늘의 별들을 바라봅니다. 그가 관찰하는 우주는 각 존재가 자기에게 정해진 역할을 수행하는 하나의 유기적인 총체일까요, 아니면 각자가 스스로 자신의 존재를 선택할 수 있는 절대적 자유를 지니고 있을까요? '자유롭다'는 말은 원하는 때 원하는 것을 할 수 있다는 말일까요, 아니면 우리를 규정하는 필연성을 인정하는 말일까요? 이 어려운 질문에 답하기 위해 심바의 이야기로 들어가봅시다.

내 맘대로 할 거야!

어린 사자 심바는 확실히 '자유'를 '자신의 삶을 만들어가는 능력'으로 이해하고 있습니다. 즉 자유롭다는 것은 그에게

발발이 치와와, 운명의 수레바퀴 아래서

마음대로 하는 것이죠. 코뿔새 자주가 자꾸 강요하는 제약이 지겨운 그는 자신이 왕이 되면 누릴 자유를 고대합니다. 심바 말 대로라면 왕이 되면 자기가 정한 법칙만 따르면 됩니다. 그는 이렇게 노래합니다. "그 누구도 내게 명령하지 못해, 이렇게 하라고 저렇게 하라고." 심바는 왕이 되면 누구에게도 간섭받지 않고 맘대로 할 생각이었죠. 가장 멋진 일은 무엇을 할지 선택할 수 있는 겁니다.

그러니 심바에게 그의 삶이 이미 정해져 있다거나 그에게 허락된 자유라고 해봐야 미리 정해진 역할을 받아들이는 것 정도라고 말해도 심바는 전혀 이해하지 못할 겁니다. 예를 들어 자주가 심바가 훗날 날라와 결혼하도록 정해져 있다고 하자, 심바는 그런 일은 불가능한 것 같다며 무시합니다. 날라는 그의 친구니까요! 말도 안 되는 일이었죠.

그런데 사실 행위의 원인이자 기원이 되는 능력이 있어야 자유롭다고 할 수 있지 않았나요? 우리는 자기 삶을 구상하고 선택하고 미래를 그리는 걸 '자유'라고 불렀던 것 같은데요. 심바도 이런 자유에 대한 고전적인 관념을 따르고 있습니다. 우리는 이러한 생각을 사르트르에게서 발견했었죠. 사르트르는 그런 의미로 인간에게(아마 사자에게도) "실존이 본질에 우선한다"라고 주장했습니다. 어떤 것도 결정된 바는 없고 우리는 우리가 원하는 존재가 되기로 선택합니다. 그것이 우리가 〈주토피아〉에서 봤던 교훈이었습니다.

자유는 바라는 대로 이루어지기를 원하는 것이 아니라 그래야 할 바에 따라 이루어지기를 원하는 것이다

에픽테토스와 같은 스토아학파나 날라, 라피키의 생각은 조금 달랐습니다. 그들이 보기에 영원한 순환 속에 심바의 자리가 있습니다. 물론 심바가 그 자리를 선택한 것은 아니지만 그 자리는 심바를 기다리고 있죠. 심바는 주어진 역할을 수행해야 합니다.

자연의 질서에는 불변의 구조가 있습니다. 플루타르코스는 〈철학자들의 견해에 대하여〉에서 스토아학파에는 "결코 억지로 바꾸거나 거스를 수 없는 질서와 연결"이 있다고 전합니다. 그러므로 지혜와 (심지어) 자유는 흔들림 없이 이 질서를 전적으로 받아들이고 긍정하는 것, 즉 운명을 사랑하는 일Amor Fati이 되죠. 플루타르코스에 따르면 자유롭다는 것은 행위의 원인이 되는 것이 아니라 우리를 규정하는 필연성에 동의하는 것이 됩니다.

에픽테토스의 비유를 빌리자면, 우리는 훌륭한 배우처럼 운명이 우리에게 맡긴 역할을 받아들이고 잘 연기해야 합니다. 우리는 우리가 선택하지 않은 연극의 배우이며, 우리를 기다리는 미래 역시 우리에게 달려 있지 않습니다. 하지만 운명이 우리에게 맡겨준 역할을 끝까지 수행하는 것만큼은 우리에게 달려 있습니다.

또한 스토아학파는 우주를 모든 것이 인과적인 원인과 결과로 연결된 유기적인 총체로 간주하기 때문에, 예지가 지식이 될 가능성이 있다고 여겼습니다. 실제로 만물이 서로 연결되어 있고 세상이 원인과 결과의 엄밀한 연쇄에 불과하다면, 원인을 안다면 결과를 예측할 수 있습니다. 예언자의 임무는 현재에서 미래에 올 사건을 읽어내는 겁니다. 그는 새들의 내장이나 비행, 그리고 꿈에서 앞으로 벌어질 사건들의 징조를 해석할 수 있습니다. 이렇듯 원숭이 주술사 라피키는 길을 알고 있습니다. 다시 말해 만물의 순환에서 벌어지는 인과성의 고리를 인식하고, 이파리들이 날아가는 모습에서 심바가 어떻게 되었는지 읽어낸 후 그를 찾아갑니다.

이제 너의 자리를 되찾아야 할 때다

심바는 날라와 라피키를 만나 자연의 섭리가 정해놓은 자신의 자리를 되찾는 것이 필연임을 깨닫습니다. 아버지의 죽음이 자기 탓이라고 자책하며 왕국을 떠난 심바는 여태껏 자신의 정체성과 운명을 부정해왔습니다. 여러 괴로운 사건을 겪으면서 자신의 뿌리를 부정하게 되었고 '하쿠나 마타타'라는 신념에 따라 살았죠.

그러나 늙고 지혜로운 라피키가 심바의 내면에 있는 무파사의 모습을 보여줍니다. 심바는 자유가 자신의 과거에 등을 돌리는 것이 아닌 주어진 역할을 받아들이는 데 있음을 이해하게 됩니다. 무파사는 이렇게 속삭였습니다. "네가 누군지를 잊은 건 이 애비를 잊어버린 것과 같단다. 네 마음을 들여다보거라. 지금의 너는 네가 아니란다. 너는 자연의 섭리에 따라 동물 세계의 왕이 되어야 한다. 네 자신을 잊지 말거라."

심바가 언제나 자신의 자리였던 역할을 수행하기 위해 왕국으로 달려가는 걸 보고 누가 그가 자유를 포기했다고 말할 수 있을까요? 아니, 그는 이제야 자유로워 보입니다. 심바는 유기적 총체의 단순한 일부가 아니라 운명과 공모하는 일원이 되어 자유로워졌습니다.

그는 흉악한 스카와 하이에나로부터 왕국을 해방시키고 왕이 될 겁니다. 그리고 날라와 결혼할 거고요. 그러다가 그에게 쏟아져 내리는 태양이 어두워지기 시작하면, 자연의 섭리라는 영원한 순환 속에서 자기 자리를 차지할 새로운 새끼 사자를 들어 올려 소개할 겁니다.

더 알고 싶다면
장폴 사르트르, 《실존주의는 휴머니즘이다》
플루타르코스, 〈철학자들의 견해에 대하여〉
에픽테토스, 《엥케이리디온》

나가는 말

그리고 모두 철학으로
행복하게 살았답니다

자, 친애하는 독자 여러분, 벌써 막을 내릴 시간이 다가왔습니다. 세 가지 소원을 모두 쓰셨군요. 하지만 제가 완전히 사라지지는 않을 겁니다. 당신에게 가장 위대한 능력, 그러니까 사물의 이면까지 읽는 능력을 드렸으니까요. 그렇습니다. 이제 여러분은 겉이 아니라 속에 담긴 내용이 중요하다는 사실을 아실 겁니다.

지금까지 디즈니의 애니메이션은 재미있고 매혹적이면서도 그게 전부가 아니라는 걸 보여드렸습니다. 앞서 소개한 디즈니의 여러 작품이 삶의 무기가 되는 지혜의 조각이라는 것도 아시겠지요.

지식을 전달하려면 매력적으로 포장해야 합니다. 이건 고대의 현인, 아리스토텔레스와 키케로가 훨씬 전에 알려준 사실이죠. 가벼운 오락거리 역시 무거운 의미를 담을 수 있습니다. 이런 말에 수긍할 수 없다는 분도 있겠지만, 하는 수 없죠. 이를 이해하지 못한 자파는 램프에 갇혀버렸습니다. 그는 근엄함이 곧 힘이라고 믿었습니다. 그게 무슨 말도 안 되는 소리인가요! 이제 그는 신비의 동굴에 영원히 갇혀 이아고와 구시렁대고 있을 겁니다.

아쉽게도 시간이 없어서 다루지 못한 여러 애니메이션도 많습니다. 〈도리를 찾아서〉, 〈토드와 코퍼〉, 〈아더왕의 검〉, 〈뮬란〉, 〈아리스토캣〉, 〈타란의 대모험〉, 〈토이스토리〉, 〈신데렐라〉, 〈쿠스코? 쿠스코!〉, 〈몬스터 주식회사〉, 그 밖에도 너무 많은 명작이 있습니다. 이 책이 이러한 작품들을 다시 만날 기회가 될 수도 있겠군요! 당연히 이 작품들이 '덜' 철학적인 것은 아니니까요! 아쉽게도 이 작은 책 한 권으로 디즈니의 놀라운 세계에 담긴 철학의 풍요로움을 모두 정리할 수는 없었습니다.

그때를 기다리면서 독자 여러분, 이제 눈을 떠보세요, 벌써 세상이 다르게 보이지 않나요? 디즈니의 작품들이 선사하는 배움의 기회를 놓치지 말아야 합니다. 이제는 이해하시겠지만

'배움'은 '지루함'과 동의어가 아닙니다. 배움은 성공적인 삶의 열쇠입니다.

마지막 교훈을 듣고 싶으신가요? 그렇다면 여러분에게 이 작은 책의 마지막 말을 전합니다. 어쩌면 애니메이션의 마지막 문장이 될 수도 있겠군요. 그들은 철학을 배우고 오래오래 행복하게 살았답니다. 끝!

오늘 내 기분은 철학으로 할래
디즈니는 귀엽고 코기토는 필요하니까

초판 1쇄 발행 2022년 3월 25일
초판 2쇄 발행 2022년 6월 24일

지은이 마리안 샤이앙
옮긴이 소서영
일러스트 금보

펴낸이 김현태
펴낸곳 책세상
등록 1975년 5월 21일 제2017-000226호
주소 서울시 마포구 잔다리로 62-1, 3층(04031)
전화 02-704-1251
팩스 02-719-1258
이메일 editor@chaeksesang.com
광고·제휴 문의 creator@chaeksesang.com
홈페이지 chaeksesang.com
페이스북 /chaeksesang **트위터** @chaeksesang
인스타그램 @chaeksesang **네이버포스트** bkworldpub

ISBN 979-11-5931-832-0 03100